沢渡あまね

業務デザインの発想法

「仕組み」と「仕掛け」で最高のオペレーションを創る

Operation / System Design
Life Cycle Management
Communication Design
Operations Management
Value Improvement
Brand Management

技術評論社

JN133008

免責

本書に記載された内容は、情報の提供のみを目的としています。したがって、本書を用いた運用は、必ずお客様自身の責任と判断によっておこなってください。これらの情報の運用の結果について、技術評論社および著者はいかなる責任も負いません。

本書記載の情報は、刊行時のものを掲載していますので、ご利用時には変更されている場合もあります。

以上の注意事項をご承諾いただいたうえで、本書をご利用願います。これらの注意事項をお読みいただかずに、お問い合わせいただいても、技術評論社および著者は対処しかねます。あらかじめ、ご承知おきください。

商標、登録商標について

本文中に記載されている製品の名称は、一般に関係各社の商標または登録商標です。なお、本文中では ™、® などのマークを省略しています。

はじめに
なぜ、利用者目線に立った仕組みがなかなかできあがらないのか？

「利用者目線のサービスを提供せよ」

　このフレーズ、企業・官公庁・自治体を問わず、世の中のあらゆる組織で見聞きします。新しいサービスやITシステム（以下「業務」と総称します）、どうせならいいものにしたい、使う人も運営する人もラクになるようにしたい──だれもがそう思うでしょう。

　ところが、言うは易く、行うは難し。利用者目線の立場に立った仕組みはなかなかできあがらない。気がつけば、新しい業務を立ち上げることだけが目的化する。

「とにかく、納期優先！　立ち上げることに専念しろ」
「細かいことは、後で考えればいい」

「運用でカバーしろ！」

　最初の思いはどこへやら。企画、設計、開発の現場は、立ち上げに向けて戦々恐々。時に遅延を繰り返し、ようやく立ち上がった新しい業務。いざ、蓋を開けて見ると……

「わかりにくい！　こんなもの使えるか」
「かえって手間が増えたんですけれど……」
「運用でカバー、って……どうにもなりません！」

現場は阿鼻叫喚。振り回される利用者。自分は何も悪くないのに、他人が作った業務に文句を言われてストレスを溜めるオペレーション担当者、ヘルプデスクのスタッフ。だれも幸せになりません。時には……

「え、そんなサービスあったんですか？（知らなかった……）」

　こんな切ない反応を、顧客や利用者から受けることも。これでは、立ち上げに使った時間もお金も報われません。
　残念ながら、日本では実運用の考慮不足による悲しい業務が性懲りもなく生まれ続けています。具体例を見てみましょう。

ケース1 マイナンバー制度

　国民1人1人に固有の個人識別番号（マイナンバー）を割り当て、所得、年金、納税などの情報をその番号にひもづけて、一元管理できるようにした制度。行政の業務効率化、国民の利便性向上を謳い、総務省が推進している制度ですが、残念ながら混乱が目立っています。

・個人が事業者から支払いを受ける場合、マイナンバー情報（番号）とあわせて、マイナンバーカード（またはマイナンバー通知カードおよび身分証明書）の写しを事業者へ提出（郵送などで）することが求められる
・「マイナンバー」「マイナンバー通知カード」「マイナンバーカード」の違いが国民に認知されていない
・その結果、行政機関へのクレームや問い合わせも絶えない

　このような運用上の問題が顕在化しました。運転免許証の写しなどの個人情報を「紙」や「電子」で蒔く運用を問題視する声も。

「結局、個人情報を漏らす出口が1つ増えただけ」
「なんでマイナンバーを使うたびに免許証とか住民票とか本人確認ができる書類のコピーを添付しないといけないの？　バカなの？」

Twitterでは、こんな嘆きの呟きが飛び交っています。

「お金にならない、仕事のための仕事が増えた。働き方改革を阻害していると思う」
「電子化してラクにする仕組みのはずなのに、わざわざマイナンバー通知カードと運転免許証のコピーをとって、書留で送れとか、時代に逆行しています」

　ごもっともと言わざるをえない、数々の厳しい指摘。
「マイナンバーカード」のデリバリー面での課題も浮き彫りになりました。マイナンバーカードを受け取るには、本人は自治体の窓口に受け取りに出向かなければなりません。その手間がネックになっているのか、交付が進まないといいます。また、そもそもマイナンバーカードを申請しない人も少なくありません。2017年8月現在、マイナンバーカードの普及率は人口比で9.6％、交付枚数は約1,200枚。定着への道のりは遠そうです。
　マイナンバー制度を否定しているわけではありません。制度そのものの発想はいい。同様の制度（国民ID制度）で、エストニアでは行政業務も国民の手続きも大幅にスリム化できたと国民からも好評。業務のデザイン、運用のやり方次第で、利用者も運用者も幸せにする仕組みになりえるのです。
　本来、行政業務と国民の手続きをラクにするはずだったマイナンバー制度。

・実運用（情報提出、カードのデリバリーなど）の考慮不足、配慮不足
・実運用の「丸投げ」（＝企業や行政機関に）

　これらの弱さが露呈したケースであると考えられます。
　運用の考慮不足による悲しき景色は、私たちが日常で利用する、身近な商用サービスでも散見されます。

ケース2　ポイントカード

　百貨店、量販店、ドラッグストア、宿泊施設などのポイントカード。購入

や利用の都度付与されるポイントを溜めると、さまざまな会員特典を利用できたりと、利用者にとって何かとありがたい仕組み。ところが、こんなケースも……。

「結婚して姓が変わった。会員情報の姓を変更したいとサービスデスクに言ったら、それはできないと言われた。新規ユーザーIDが発行され、ポイントカードも新規作成するしかない。これまでの利用ポイントも利用履歴情報もすべてリセットされるとのこと。納得いかない！」

利用者情報の変更を想定したサービス設計がされていない典型事例です。
この手の悲劇、ITを扱う職種に限った話ではありません。非ITの現場でも、運用の考慮漏れによるトラブルは日々発生しています。

ケース3　新規開店のうどん屋

郊外の県道沿いに開店することになった、新しいうどん専門店。オーナーは、食材にも、料理人の人選にもこだわり、かつ立地も店がまえも申し分ない。開店に先立ち、スタッフの教育も十分すぎるくらい入念におこなった。最高の状態でお客さんをお迎えできる……はずだった。ところが。

・駐車場待ちの長蛇のクルマの列。県道が渋滞し、住民からクレームの電話が鳴り止まない
・店の入口にも待ち客の長蛇の列。「いつまで待たせるの？」とお客さんから聞かれるも、スタッフは答えられない
・品切れ続出。2時間待たせたお客さんが「品切れ」を告げられ、クレームに

想定外の事象、マニュアル外の事象に、スタッフもオーナーもあたふたするしかない。とんだ開店初日でした。

いかがでしょう？　これらの悲しい景色、意図して生まれたわけではありません。多くの場合、悪気なく「意識の抜け」「検討漏れ」が発生し、その

結果、運用で火を噴いてしまうのです。

「業務デザイン」を言語化する

　これらの悲劇を未然に防止するにはどうすればいいか？　その解決策が「業務デザイン」の発想です。本書では7章構成で、業務をデザインするための観点を散りばめました。業務デザインを仕事として、職種として定義します。

第1章　「何を」「どのように」提供するか決める
　　　　　　　　　　　　　　　　　　〜業務設計／システム設計

第2章　業務のおはようからおやすみまでを想定する
　　　　　　　　　　　　　　　　　　〜ライフサイクルマネジメント

第3章　ステークホルダーを巻き込む
　　　　　　　　　　　　　　　　　　〜コミュニケーション設計

第4章　あたりまえの業務を、あたりまえに提供できるようにする
　　　　　　　　　　　　　　　　　　〜オペレーションマネジメント

第5章　業務の価値を高める
　　　　　　　　　　　　　　　　　　〜付加価値向上

第6章　人と組織を継続的に成長させる
　　　　　　　　　　　　　　　　　　〜環境セットアップ／風土醸成

第7章　「で、どうやったらなれる？」
　　　　　　　　　　　　　　　　　　〜業務デザイナーとしてのキャリア／スキル

第1章〜第4章では、新たに業務を立ち上げる時（あるいは既存の業務の変更を検討する時）に意識してほしい観点・視点・発想・ノウハウを提示します。いわば、業務を健全に立ち上げて、健全に回り続けるようにするための"あたりまえ"ゾーンです。

　第5章と第6章は"価値向上"ゾーン。「立ち上げた（変更した）業務の価値をより高めるにはどうしたらいいか？」「あなたの組織と人材のプレゼンスを上げるには？」「メンバーのモチベーションを維持するには？」といったノウハウ共有、情報発信、育成、風土醸成に踏み込みます。

　第7章は、業務デザインができる人材、すなわち業務デザイナーを目指すために求められる行動や意識・スキルは何かを、今ある職種別で考えます。

センスのある個人に頼らず、計画的に価値を提供できる組織へ

　業務デザインは、いままで言語化されてきませんでした。現場の改善は、いわば奇特な個人のボランティア精神に頼っていた状態。仕事として認識もされず、ゆえに人材育成もされにくかった分野。本書は、そこにメスを入れます。

　もちろん、これが完璧などとは考えていません。組織風土や職種の実態によって、「これが足りない」「ここはしっくり来ない」のような各論はあるでしょう。あって当然です。ただし、何もない状態から議論するのと、何らかのたたき台があって議論するのとでは雲泥の差。たたき台がなければ、人による意識や景色の違いも「見える化」しません。フレームワークを使う価値はそこにあります。ぜひ、本書をフレームワークにして、あなたの職場で差分を議論して補っていただけたら幸いです。

　世の中の環境も課題も、日に日に複雑化してきています。いままで、運用の現場の気合と根性でナントカできてきたかもしれない。しかし、これからはそうはいかないでしょう。人の気合と根性と創意工夫とボランティア精神に甘え続けている体制は脆弱です。

　加えて、少子高齢化による労働力不足の時代。仕事として認めてもらえな

い仕事、適切な対価が払われない職種は、いよいよなり手が減るでしょう。そうなったとき、まっさきにほころびが出るのは、業務デザインのような、今まで言語化されにくかった業務領域、価値が認識されにくかった領域にまちがいありません。

　日本では長年、業務デザインの良し悪しを、偶然の経験やスキルをもった個人に委ねてきました。センスのある人がたまたまいればうまくいくし、いなければトラブルだらけの地獄絵図。偶発性に依存する組織は脆弱です。偶然を必然に。計画的に人と組織を育成し、価値ある業務を提供できる組織へメタモルフォーゼ！　さっそく始めましょう。

本書の読み方

　本書では、話をわかりやすくするために、以下のストーリーを前提に各章の解説を進めます。

　　あなたは、新たに開店するハンバーガーショップの店長を務めることになりました。
　　場所は、鳥居市。東京・品川駅から特急列車で1時間半ほど。複数の大企業の事業所と国立大学のキャンパスがある地方都市で、お店は駅前通りに面した便利な立地です。
　　オーナーは「健康的で、明るく楽しく食事ができる」お店を作りたいと考えています。なお、すでにお店の外装と内装は決まっており、着工済み。変更はできません。
　　オーナーの意向を汲みつつ、開店に向けて準備を進めましょう。

　このストーリーを本書の第1章から第6章に当てはめると、次のようになります。

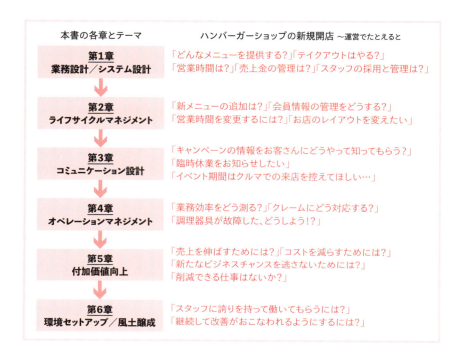

　この流れで、新規業務の立ち上げ／変更／改善——すなわち、業務デザインのエッセンスを理解していきましょう。

　いまこの本を手に取っているあなたは、新規業務を立ち上げる立場ではないかもしれません。そうであっても、いま運営している既存業務の弱い部分や強化したい部分を発見するために、本書で紹介する観点やノウハウはまちがいなく役に立ちます。

　あるいは、今後の業務変更に備えて、たとえば第2章だけをお読みいただくのもいいかもしれません。ご自分の業務の実態やお悩みにあわせて、つまみ食いしていただければ幸いです。

　業務は生き物です。どんな業務も、内部環境や外部環境の変化にあわせて変えなければなりません。生まれたときは効率的だった業務も、時を経て、いまではむしろ人の効率を下げる厄介者に変わっているかもしれません（いわゆる「形骸化」「陳腐化」した状態です）。あなたの業務の価値を維持向上させるためにも、この本に書かれた観点で業務をアップデートしていただければと思います。

はじめに
なぜ、利用者目線の立場に立った仕組みがなかなかできあがらないのか？

「利用者目線のサービスを提供せよ」 3
「運用でカバーしろ！」 3
「業務デザイン」を言語化する 7
センスのある個人に頼らず、計画的に価値を提供できる組織へ 8
本書の読み方 9

PART1
「何を」「どのように」提供するか決める
業務設計／システム設計

1-1
どんな業務を提供するのか、メニューを定義する
運用項目設計

(1) 運用を開始するために何をすればいいか？ 〜タスクの洗い出し 25
(2) 毎日発生する仕事、たまにしか発生しない仕事を見極める 31
　〜定常業務／非定常業務定義
(3) 標準化すること、都度考えて対応することを決める 33
　〜ルーチン／ノンルーチン区分
(4) やることの詳細を定義する 〜プロセス定義 34
(5) やることの流れを定義する 〜フロー定義 37

1-2 すぐやる処理／まとめてやる処理を定義する
処理設計

(1) 言われたらすぐやる　〜リアルタイム処理 …… 40
(2) まとめてやる　〜バッチ処理 …… 40
(3) すぐやる＋まとめてやる …… 42

1-3 システムがやること、人がやることを見極める
自動化判断

(1) システムに任せること …… 45
(2) 人がやること …… 45
(3) 内製かアウトソースか？ …… 47

1-4 システムやサービスの機能と保証レベルを決める
機能要件／非機能要件定義

(1) 機能要件とは …… 49
(2) 非機能要件とは …… 49
(3) 可用性 …… 50
(4) 信頼性 …… 51
(5) 保守性 …… 51
(6) 同時アクセス数 …… 52
(7) 運用性 …… 53
(8) 拡張性（スケーラビリティ） …… 53
(9) 移行性 …… 53
(10)「有用性×保証」で業務の価値や脆弱性を診断する …… 54
(11) プロトタイプを作って運用テストをしよう …… 55

1-5 利用者が行動をしたくなるようにする／行動を阻害する要因を取り除く
行動設計

(1) 行動をしたくなるよう促す …… 58

(2) 行動を阻害する要因をとり除く ……………………………………………… 64
(3) 「運用しやすい」「他人に説明しやすい」サービス設計、インターフェース設計 … 71
(4) マーケティングの4Pで考えてみる ……………………………………… 76
  COLUMN 行動アクセルと行動ブレーキ 77
  COLUMN 運用しやすい行動を、利用者に促す工夫 78
       ～社員食堂の「そばうどんコーナー」の例

1-6
だれがどのように業務を回すかを決める
運用組織設計

(1) 運用体制図を作る ……………………………………………………………… 80
(2) ジョブディスクリプション（職務記述書）を用意する ……………………… 81
(3) スキル要件 …………………………………………………………………… 81
(4) エスカレーションルールとフロー …………………………………………… 83

1-7
業務提供に必要なリソースを調達する
リソース計画

(1) 調達すべき5つのリソース …………………………………………………… 85
(2) Make or Buy　～内製か外注か ……………………………………………… 86
(3) リソースマネジメントをする ………………………………………………… 87

1-8
業務に必要なドキュメントをそろえる
文書管理

(1) 人や環境が変わってもプロセスやルールが継続されるようにする ………… 88
(2) 作成しておきたい10種のドキュメント ……………………………………… 88

1-9
いつ、だれが、どんな行動をしたかを
捕捉できるようにする
ログ管理／データ管理

(1) ログとは行動の足跡 …………………………………………………………… 93

(2) ログを取得する目的	93
(3) ログの種類	95
(4) ログの取得方法	97
(5) ログの保管方法と期間	98
(6) アクセシビリティ	99
(7) ログは後からは取得できない	99

1-10
だれに、どの情報や設備への アクセスを許すかを決める
アクセス管理

(1) 役割および権限の定義	100
(2) 情報取り扱い区分定義	101
(3) 区画定義	102
(4) アクセス権限の付与と剥奪	103
(5) 権限の棚卸し	104

1-11
各業務項目の提供レベルを定義する
サービスレベル設計

(1) サービスレベルの種類	105
(2) サービスレベルの設定および運用方法	106

1-12
万が一に備える
BCP検討

(1) BCP検討のポイント	110
(2) 代替運用のサービスレベルと体制	111
(3) 訓練の計画と実施	112

PART 2
業務のおはようから おやすみまでを想定する
ライフサイクルマネジメント

2-1
「何に」対する変化が起こりうるのかを把握する
5つの対象

- (1) 業務／サービス ... 115
- (2) システム ... 116
- (3) データ ... 116
- (4) 機器／資材／材料 ... 117
- (5) 組織／権限 ... 118

2-2
「どんな」変化が起こりうるのかを把握する
5つのライフイベント

- (1) 新規 ... 120
- (2) 利用 ... 123
- (3) 変更 ... 134
  - COLUMN 「主キー」を意識しよう ... 139
- (4) 停止 ... 140
- (5) 廃止 ... 142
  - COLUMN ライフサイクルあれこれ ... 145

2-3
その業務が問題なく回っているか、変化を察知する
モニタリング（監視設計）

- (1) 監視／測定項目の定義 ... 148
- (2) 監視／測定方法の定義 ... 151

(3) 報告方法の定義	151
(4) 緊急対応ルールの策定	154
(5) ふりかえりの実施	154

2-4
今後の業務規模拡大／縮小などの変化を見すえる
スケーラビリティ（拡張）設計

(1) 利用者数の想定	157
(2) 同時アクセス数	157
(3) ピーク時特性	158
(4) スレッショールドの設定	159
(5) プロダクトライフサイクル	159

2-5
変化にスムーズに対応する
変更対応

(1) 定常活動	162
(2) 非定常活動	165
(3) 運用テスト計画と実施	170
(4) 移行計画	172

2-6
臨時運用や新旧業務の併行運用を検討する
暫定運用／トランジション運用設計

(1) 暫定運用設計	174
(2) トランジション運用設計	176
COLUMN その業務・サービス・商品が、どんな「人生」を送るかを想像してみよう	179

PART 3
ステークホルダーを巻き込む
コミュニケーション設計

3-1
関係者を特定し、接点を作り、情報を授受する
コミュニケーション設計

- (1) ステークホルダーの特定 …………………………………… 184
- (2) タッチポイントの設計 …………………………………… 189
- (3) コミュニケーション活動の計画／実施 …………………… 193
  - COLUMN　情報は下手に加工せず、
  そのまま出したほうがうまくいく場合もある ……… 197

3-2
ユーザーをうまく味方につける
ユーザーエクスペリエンス設計

- (1) ターゲットユーザー／ファーストユーザーの特定 ………… 199
- (2) ターゲットユーザーの行動パターンの想定 ……………… 200
- (3) ユーザーインターフェースの工夫 ………………………… 201
- (4) ユーザーの育成 …………………………………………… 204
  - COLUMN　カスタマージャーニーマップ ………………… 206

3-3
過度に期待させない／適度に期待してもらう
期待値コントロール

- (1) リソースの把握 …………………………………………… 207
- (2) サービスレベルの設定 …………………………………… 207
- (3) 「できないこと」の明示 …………………………………… 208

PART 4
あたりまえの業務を、あたりまえに提供できるようにする
オペレーションマネジメント

4-1
「割り込み」「トラブル」をマネジメントする
インシデント管理

- (1) インシデントとは ……………………………………………………… 214
- (2) インシデント管理のモデルフロー …………………………………… 215
- (3) インシデント管理ツール ……………………………………………… 216
- (4) インシデント管理をおこなうメリット ……………………………… 218
- (5) インシデントを記録する文化が大事 ………………………………… 221
- (6) 「未知」を「既知」に変える取り組みが組織と個人を成長させる … 222

4-2
「割り込み」「トラブル」が二度と起こらないようマネジメントする
問題管理

- (1) 問題とは ………………………………………………………………… 224
- (2) 問題管理のモデルフロー ……………………………………………… 224
- (3) 「リアクティブ」と「プロアクティブ」 ……………………………… 225

4-3
業務の山谷を見える化する
運用スケジュールの策定と実施

- (1) 年間の業務スケジュールの策定 ……………………………………… 227
- (2) 年間の業務スケジュールのアップデート …………………………… 230

4-4
必要な業務／不要な業務を見極める
業務棚卸し

(1) 棚卸しを企画する 231
(2) 棚卸しを実施する 231
  COLUMN 「重要度：高、緊急度：低」の仕事にいかに取り組めるかが
      組織の価値を決める 233

PART 5
業務の価値を高める
付加価値向上

5-1
個人の知識を組織の知識に変え、活用できるようにする
ナレッジマネジメント

(1) ナレッジマネジメントのアンチパターン 237
(2) 必要なナレッジを定義する 240
(3) ナレッジの収集方法を定義する 241
(4) ナレッジを収集する 242
(5) ナレッジを共有する 242
(6) ナレッジを評価／再評価する 243
(7) ふりかえりをする 244
(8) 暗黙知と形式知／SECIモデル 245
(9) 「場」の創造 247

5-2
人と組織を計画的に育てる
人材育成

(1) スキルマップ（人材要件）を描く 250

- (2) スキルの調達方法を定義し、計画する ……………… 252
- (3) 育成計画を策定する ……………… 253
- (4) スキルマップをふりかえる ……………… 253

5-3
ムリ・ムダをなくして働きやすくする／本来価値にコミットできる環境を作る
業務改善促進

- (1) なぜ業務改善をする必要があるのか？ ……………… 255
- (2) 改善活動、最初のひと押しをするポイント ……………… 257
- (3) 業務改善活動を定着させる ……………… 262
- (4) コラボレーションの阻害要因をなくす ……………… 265
- (5) 自動化を検討する ……………… 266
- (6) ダイバーシティと業務改善の関係 ……………… 267
- (7) とどのつまりは、あなたの組織が「どうなりたいか？」「どうありたいか？」 ……………… 268
  - *COLUMN* プロジェクトのキックオフ／終了時に決意表明／ふりかえりをやろう ……………… 269

PART 6
人と組織を継続的に成長させる
環境セットアップ／ブランドマネジメント

6-1
メンバーの行動や成長を動機づけする
コミュニケーション／モチベーションマネジメント

- (1) エンゲージメント ……………… 273
- (2) ビジョンニングをする ……………… 274
- (3) 心理的安全性を担保する ……………… 278
- (4) 必然の出会い／偶然の出会いをデザインする ……………… 280

(5)「知る」から生まれる好循環	281
(6) 成長イメージを設定する	282
(7) ビジョンニングがいい職場環境を創り、エンゲージメントを高める	283

6-2
働きやすく成長しやすい環境を整える
環境セットアップ

(1) 人事制度をアップデートする	285
(2) オフィス環境を整備する	286
(3) DevOps	287
(4) チャレンジする機会を設計する	288
(5) 目立たない仕事にも光を当てる	289

6-3
自組織の認知とプレゼンスを高め、組織内外のファンを増やす
広報／ブランドマネジメント

| (1) インターナルブランディング | 292 |
| (2) エクスターナルブランディング | 293 |

PART 7
「で、どうやったらなれる？」
業務デザイナーとしてのキャリア／スキル

7-1
業務デザイナーに向く人の10の特性

(1) ものごとを俯瞰的に見ることができる	299
(2) 新しい知識や技術に触れるのが好き	299
(3) 作業よりも発想するのが好き	299
(4) めんどくさがり屋	300

- (5) 見えないものに意味を見出すのが好き ... 300
- (6) 仕事をラクにするために苦労するのを厭わない ... 300
- (7) 情報発信するのが好き ... 301
- (8) 他人の成長に喜びを感じることができる ... 301
- (9) トライ＆エラーを好む ... 301
- (10) 失敗も資産だと思える ... 302

7-2 職種別「いまからできる」アプローチ

- (1) 事務職(担当者)のあなたへ ... 304
- (2) 事務職(管理者)のあなたへ ... 305
- (3) 経営企画部門のあなたへ ... 306
- (4) 総務部門のあなたへ ... 306
- (5) 人事部門のあなたへ ... 307
- (6) 営業部門のあなたへ ... 307
- (7) 経理／財務部門のあなたへ ... 308
- (8) 購買部門のあなたへ ... 309
- (9) 広報部門のあなたへ ... 310
- (10) 開発系ITエンジニアのあなたへ ... 310
- (11) 運用系ITエンジニアのあなたへ ... 311
- (12) (Web)デザイナーのあなたへ ... 313
- (13) 窓口スタッフ／ヘルプデスクのあなたへ ... 313
- (14) 社会保険労務士のあなたへ ... 314
- (15) 中小企業診断士のあなたへ ... 315
- (16) 税理士／監査法人のあなたへ ... 316

- おわりに ... 317
- おすすめ書籍 ... 322
- 索引 ... 326

「何を」「どのように」提供するか決める

業務設計／システム設計

この章で学習すること

1. どんな業務を提供するのか、メニューを定義する　〜運用項目設計
2. すぐやる処理／まとめてやる処理を定義する　〜処理設計
3. システムがやること、人がやることを見極める　〜自動化判断
4. システムやサービスの機能と保証レベルを決める　〜機能要件／非機能要件定義
5. 利用者が行動をしたくなるようにする／行動を阻害する要因を取り除く　〜行動設計
6. だれがどのように業務を回すかを決める　〜運用組織設計
7. 業務提供に必要なリソースを調達する　〜リソース計画
8. 業務に必要なドキュメントをそろえる　〜文書管理
9. いつ、だれが、どんな行動をしたかを捕捉できるようにする　〜ログ管理／データ管理
10. だれにどのデータや設備へのアクセスを許すかを決める　〜アクセス管理
11. 各業務項目の提供レベルを定義する　〜サービスレベル設計
12. 万が一に備える　〜BCP検討

ハンバーガーショップの店長になったあなた。
まずはじめに
「開店するためにどんな仕事をしなければならないのか?」
そして「開店した後にどんな仕事が発生するのか?」
を定義して設計しなければなりません。
そうしないと、
「オープンできません!」「お店が回りません!」
といった事態に。
最悪の場合、店長とスタッフの気合と根性で
ナントカするしかなくなります。
第1章では、後で慌てないための、
業務設計のポイントを学習します。

1-1

どんな業務を提供するのか、メニューを定義する
運用項目設計

　そもそも、ハンバーガーショップにはどんな仕事が発生するのでしょうか？　それを定義しないことには、お店は開店させることもできなければ、日々営業することもできません。開店前と開店後、すなわち運用開始前と運用開始後のタスクを設計しましょう。

（1）運用を開始するために何をすればいいか？　〜タスクの洗い出し
（2）毎日発生する仕事、たまにしか発生しない仕事を見極める　〜定常業務／非定常業務定義
（3）標準化すること、都度考えて対応することを決める　〜ルーチン／ノンルーチン区分
（4）やることの詳細を定義する　〜プロセス定義
（5）やることの流れを定義する　〜フロー定義

(1) 運用を開始するために何をすればいいか？
〜タスクの洗い出し

　あなたがハンバーガーショップの店長として、これからお店を開店して、さらにお店を日々運営するには、何をすればいいでしょうか？
　すでにお店の立地と内外装はオーナーが決めています。よって、出店計画やお店の出店そのものの準備は考えなくてもよさそうです。
　「どんなハンバーガーを提供するのか？」が真っ先に気になりそうですね。

・メニューを決める
・メニュー表の作成

　それだけで十分ですか？

・テイクアウトサービスのあり／なしを決める
・出前する／しないを決める
・営業時間を決める
・POSデータの登録

　このような、メニュー以外の付帯サービス、およびサービスを提供する条件も決めなければなりません。
　そして、ある程度の規模のお店であれば、あなた1人では運営できないでしょう。

・スタッフの採用
・スタッフの育成

　これらの活動も欠かせません。
　さらに、ただお店を開いただけでお客さんが来てくれるとはかぎりません。

・Webページの作成
・チラシやのぼりの作成
・チラシの配布

　このようなプロモーションも大事ですね。
　はたしてそれだけでしょうか？　いままで挙げてきたタスクは、お店を開店する前の活動。いわば、準備活動です。開店して終わりではありません。運用が肝。開店後の運用活動もあらかじめ見越して、定義する必要があります。

・お店の清掃
・食材の調達

- ゴミの廃棄
- スタッフのシフト計画、勤務管理、給与の支払い
- 売上金の確認
- 現金の管理
- 在庫管理、棚卸し
- Webサイトのアップデート
- 駐車場の管理

　ここまで挙げても、一部にすぎません。まだまだやらなければならないタスクはあるでしょう。思いつきレベルで挙げていても非効率ですし、抜け漏れ、やりすぎが発生するかもしれません。タスクを過不足なく洗い出すにはどうしたらいいでしょう？　そのための観点を5つ紹介します。

1.「運用開始前」「運用開始後」の２軸で考える

　どんな業務も、「立ち上げるまで」「立ち上げた後」の２つの時間軸に沿って、必要なタスクを洗い出すことができます。言い換えれば、「運用開始前」「運用開始後」。ハンバーガーショップならば、準備活動と運用活動です。

　新たな業務を始めようとするとき、ホワイトボードやノートにまずこの２つの箱を書きましょう。そこから、２つの箱にぶら下がるタスクを書き出していきます。

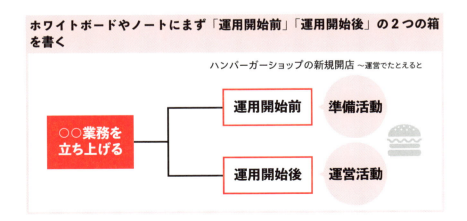

ホワイトボードやノートにまず「運用開始前」「運用開始後」の２つの箱を書く

2.ロジックツリーを活用して、MECEにタスクを洗い出す

　タスクを抜け漏れなく洗い出すために役立つのが、ロジックツリーとMECEです。

　ロジックツリーは、問題の原因分析や、課題解決策の立案に役立つ図解法です。物事（テーマ）の原因と思われる事象を、下位の階層にブレークダウンして書き連ねていきます。

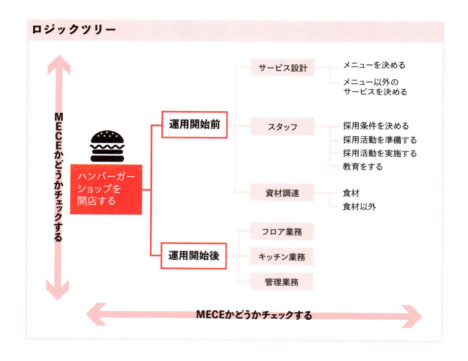

　MECEとは"Mutually Exclusive and Collectively Exhaustive"の略で、「モレなくダブりなく」という意味です。MECEの視点でロジックツリーに並べた箱（観点）に抜け漏れやダブリがないか、タスクが過不足なく洗い出されているかをチェックしましょう。

MECE

Mutually
（相互に）

Exclusive
（重なりなく）

&

Collectively
（全部集めたら）

Exhaustive
（漏れがない）

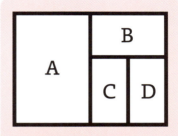

"モレなくダブりなく"

全体：東京都民
A. 23区民
B. 市民
C. 町民
D. 村民
　（檜原村および離島部の各村民）

ものごとをMECEに整理するためには、次の3つの考え方が役立ちます。

①「AとA以外」で考えてみる

男性と女性
日本と海外
管理職と非管理職

② 計算式に当てはめてみる

総売上＝単価×売上　→　「単価」と「売上」の観点
サービスの価値＝有用性×保証　→　「有用性」と「保証」の観点

③プロセスの各段階に当てはめてみる

「構想」と「設計」と「試作」と「製造」と「販売」
「開発」と「運用」

3. 複数名でレビューする

　完璧な MECE は存在しません。たとえば、「人間の性別を MECE に分類せよ」と言われたとします。多くの人が「男性」「女性」と答えるでしょう。
　しかし、LGBT への配慮が必要とされるいまの時代、本当にそういえるでしょうか？　このように、あなたが MECE だと思っていても、ほかの人から見たら MECE でないケースはよくあります。
　複数名でレビューして、自分たちなりの MECE を尽くしましょう。また、他人の目で見ることによって、新たな観点を仕入れることができます。

4. 先人の知恵を借りる

　未知のタスクを洗い出すうえで最も効率がいい方法。それは、経験者の知恵を借りることです。過去の成功体験、失敗体験から「どんなタスクが考えられるか？」「どんな観点を外してはいけないのか？」を仕入れられれば理想です。未経験者が悩んでいても、ベストな解が出せるとは限りません。

・ハンバーガーショップの運営経験者を採用する
・ハンバーガーショップの現役店長に話を聞く
・コンサルタントを雇う
・本を読む

　先人の知恵は、さまざまなところから仕入れることができます。あらゆる可能性を探してみましょう。

5. 日頃から観察眼を鍛える

　普段から、世の中の業務やサービスをデザインの観点で眺めてみるようにしましょう。

・当社の社内システム、できはいいのだけれど、ヘルプデスクの対応が悪い
　⇒問い合わせ対応 の業務デザインがいまいち

・いつも利用するバス路線。ダイヤ改正のお知らせと新しい時刻表が1ヶ月前には停留所に掲出されている
　⇒業務変更のお客さんへの周知が徹底されている

・区役所の窓口職員に、転居のための手続きを聞きに行ったら、パンフレットを取り出してわかりやすく説明してくれた
　⇒職員がわかりやすく説明しやすいようにツールが作成されている

・地域のお祭り。終わったあとゴミが散らかっていて残念な気持ちになった
　⇒ゴミを片づける業務がデザインされていない
　　（あるいはゴミを発生させない仕掛けがデザインされていない）

　このように、私たちが日常的に利用しているサービスや業務からも、抜け漏れなく業務を設計するための観点を仕入れることができます。

(2) 毎日発生する仕事、たまにしか発生しない仕事を見極める　～定常業務／非定常業務定義

　タスクを洗い出したら、そのタスクの発生頻度を見極めましょう。その際、2つの観点で分類します。

観点1　定常業務か非定常業務か

　定常業務とは、毎日、毎週水曜日、毎月の定例会議までに、など定期的に発生する業務を指します（月次報告、毎週おこなう会員数のカウント作業、半期ごとの棚卸しなど）。

　非定常業務は、不定期に発生する業務を指します（機械のメンテナンスに伴う手作業での代替業務、トラブルシューティング、役所などの立ち入り対応など）。

観点2　発生頻度

　定常業務、非定常業務のタスクの発生頻度を想定します。

① 毎日発生
② 毎週発生
③ 毎月発生
④ 四半期初／四半期末に発生
⑤ 半期初／半期末に発生
⑥ 年度初／年度末に発生

　具体的には、定常業務はA、非定常業務はBとして、タスクを書き出した付箋に以下のように記入して分類するといいでしょう。

　A－①（定常かつ毎日発生）
　B－⑥（非定常かつ年度末に発生しそう）

　Bに分類したタスクは、（イレギュラーであるゆえに）厳密な発生頻度を言い当てにくいかもしれません。悩みすぎず、感覚で想定してみてください（割りきりが大事です）。

(3) 標準化すること、都度考えて対応することを決める 〜ルーチン／ノンルーチン区分

　タスクを洗い出して、定常業務／非定常業務、そして発生頻度でラベリングすると、あることに気づくでしょう。

「このタスク、繰り返し発生するから、作業手順を決めて淡々とこなせるようにしたいよね」

　ハンバーガーショップでたとえるなら、こんな感じです。

「毎日おこなう、トイレットペーパーの交換。トイレットペーパーの置き場と交換方法はあらかじめ決めておいて、いちいち考えなくてすむようにしたい」
「会員ポイントの商品への交換方法。お客さんからしょっちゅう聞かれるだろうから、スタッフのだれが聞かれても同じ説明をできるようにしておきたい」

　この欲求は極めて健全です。作業を手順化して、だれでも一定の品質や、一定のスピードでアウトプットを出せるようにする取り組みを、標準化、あるいはルーチン化といいます。洗い出したタスクを以下の２つに分類しましょう。

（イ）ルーチン化する（標準化する）
（ロ）ルーチン化しない（都度考えて対応する）

　すべてのタスクをルーチン化できれば、一見、業務効率は上がりそうです。しかし、４年に１回しか発生しないようなレア業務のために一生懸命マニュアルを作るのが効率的といえるでしょうか？　また、タスクの発生頻度が低ければ低いほど、判断の難易度が高かったり、時代背景や法制度などの環境が変化していることも想定されます。その場合、無理にルーチン化しようと

せず、都度考えて対応するほうが賢明でしょう。

　標準化やルーチン化は、その時点での業務効率の向上と品質の安定化に寄与する一方、環境変化に対応できず形骸化するリスクがあります。もはやITが進化しているのに、アナログなやり方で最適化された事務処理が生産性向上を妨げている景色はめずらしくありません。標準化／ルーチン化は、業務効率化の一手段にすぎないと心得ましょう。

　なお、都度考えて対応するとしても、何らかの観点や過去の判例（組織の中で判断した事例）などがあると、検討を効率よくおこなうことができます。

「（□）ルーチン化しない、ただしナレッジは残して後々参照できるようにする」

　このような「条件つき（□）」の判断も大事です。ナレッジの残し方については、第5章でくわしく解説します。

(4) やることの詳細を定義する　〜プロセス定義

　定義したタスクを、滞りなく回すことができるか？
　手戻りなく／品質よく回すことができそうか？

　それをレビューしましょう。
　プロセスの「5つの要素」で、業務全体あるいは個々のタスクを俯瞰してください。
　この5つの要素は、拙書『職場の問題地図』（技術評論社）および関連書籍でも何度も登場させている、仕事を抜け漏れなく進めるための基本原則です。

仕事の5つの要素

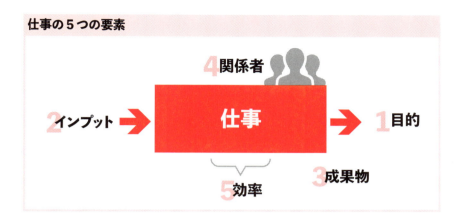

① 目　　　的　→　その仕事は何のために、だれのためにおこなうのか？
② インプット　→　その仕事を進め、成果物を生むためにどんな情報・材料・ツール・スキルなどが必要か？
③ 成　果　物　→　生み出すべき完成物あるいは完了状態は？　期限は？　提出先は？
④ 関　係　者　→　巻き込むべき関係者・協力者は？　インプットはだれ（どこ）から入手すべき？　成果物はだれのため？
⑤ 効　　　率　→　その仕事のスピードは？　生産量は？　コストは？　人員は？　歩留まり（不良率）は？

　ハンバーガーの注文を受けて、お客さんに出すプロセスを5つの要素で分解すると、以下のとおりです（注文受け〜調理〜商品提供を同一人物がおこなうと想定）。

① 目　　　的　→　注文を受けた商品を、確実かつ迅速にお客さんに提供する。商品を美味しく味わっていただき、次回の来店につなげる
② インプット　→　お客さんからいただく注文情報。食材
③ 成　果　物　→　注文を受けた商品が、トレイに載った状態でお客さんに手渡された状態
④ 関　係　者　→　お客さん、食材納入業者

⑤ 効　　率　→　オーダーを受けてから、お客さんに商品をお渡しする
　　　　　　　　　までの時間：目標５分以内、ミス：目標０件

　このように、各プロセスを５つに分解してみることで、「目的はなにか？」「足りないインプットは何か？」「成果物の状態が目的と合致しているか？」「必要な関係者を巻き込むことができているか？」「業務効率の足を引っ張っている要因は何か？」など、改善のための議論をすることができます。
　あなたの業務も、この５つの視点で俯瞰すると、次のような気づきが得られるかもしれません。

気づきの例

- この処理（判断）をおこなうためには、どんな情報（インプット）が必要？いまの手持ちデータだけでは足りないよね？
- お客さんから問い合わせを受けるプロセスがあるけれど、人によってお客さんからもらう情報（インプット）にバラツキがある。ヒアリングポイントを統一しよう！
- この処理、何時間以内に終えられたら、後工程（関係者）がスムーズに流れるかしら？
- このフローのこの作業、取引先（関係者）にも関与してもらえたら、手戻りなくなるよね？
- この報告書、最終的にお客さん（関係者）に提出するもの（目的）ならば、社内用語で書く（成果物）のはかえって非効率ですよね？
- この連絡業務、毎日実施しているけれど、毎日受け取るお客さん（関係者）もじつは煩わしく感じて流してしまっているのではないかしら（目的）？

　業務を設計する段階でこのような議論ができたら、運用はよりスムーズになります。また、５つの視点での議論を繰り返すことで、メンバーは日頃から５つの要素を意識するように。結果として、日常的に実施している業務の無理、無駄に気づきやすくなります。

(5) やることの流れを定義する　〜フロー定義

　最後に、それぞれのタスクの作業の流れや手順を設計します。業務フロー（フローチャート）を書きましょう。さきほど定義したプロセス（処理や判断）を、「箱」として記述し、判断や条件による分岐を線や矢印で図示します。
　まずは、大雑把に流れを洗い出すことが大事です。そこから詳細なポイントの気づきと言語化が進みます。

　見えるから気づける。
　気づけるから言える。

　このサイクルを回しましょう。業務フローの細かい書き方は、巻末の参考文献を参照してください。

業務フローチャートの例

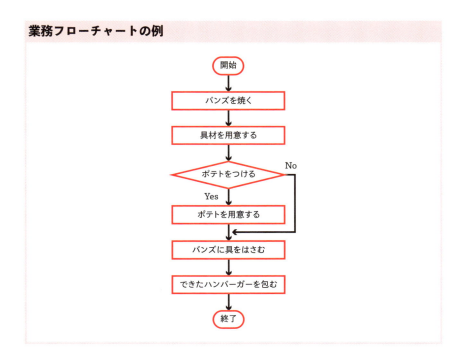

ここからは、ホワイトボードや模造紙に書き出すよりも、ITツールを使ったほうがいいでしょう。なぜなら、業務フローは保存して、今後適宜メンバーが参照したり、アップデート（更新）して活用するものだからです。ホワイトボードや模造紙は、対象業務の数が多ければ多いほど、保存性、検索性、参照性に劣ります。

　業務フローを描画するにあたっては、次のようなITツールを使うと便利です。

・Microsoft Office Visio
・Cacoo
・draw.io

　PowerPointで業務フローを描く人がいますが、正直、PowerPointはオススメしません。なぜなら、業務フローは一般的に縦横に長く広くなりがちだからです。PowerPointの1ページでは表現しきれず、複数ページに跨り、業務全体が俯瞰しにくくなります。また、無理に1ページに収めて見難くなるリスクもあります（無理に1ページに収めようと四苦八苦する時間と労力もムダです）。

　また、業務は生き物です。定期的な更新（アップデート）が必要。PowerPointで描いたフローチャートは、更新にも苦労します。更新が面倒なので、業務フローを見直さない、あるいは実業務とフローの内容に乖離がある——それでは本末転倒ですね。なるべく、フローチャートを描画するのに適した専用ツールを使いましょう。

　無理にすべてのタスクをフロー化する必要はありません。時間がなければ、重要と思われるもの、たとえば

・フローがないとメンバー各自がムダに悩む時間が増えると思われる業務
・トラブルが多い業務

　などにアタリをつけてフロー化していくのもいいでしょう。

1-2 すぐやる処理／まとめてやる処理を定義する
処理設計

　ここまでで、あなたのハンバーガーショップのタスクを洗い出すことはできました。ここで、「運用開始後」のタスクに目を向けてみます。

運用開始後のタスクの例
- ゴミ箱の片づけ
- トレイの補充
- フロアの清掃
- トイレットペーパーの補充
- 食材の調達
- 会員証の発行
- 会員へのメール送付
- 割引セールの実施
- キャンペーンの企画
- 新商品の企画開発

　これらのタスク、いつ処理するのがいいでしょうか？
　すべてを併行してこなすのは無理があります。とはいえ、「言われたらすぐやる」「思いついた時にやる」では、安定して実行できません。特定のタスクへのリクエストが集中して（たとえば、お客さんから会員証の発行依頼が殺到）、ほかのタスクに手が回らなくなる恐れもあります。「それぞれのタスクをいつやるのか？」すなわちタスクの実行条件をあらかじめ決めておきましょう。
　各タスクの実行条件は、「リアルタイム処理」と「バッチ処理」の2つで

PART1　「何を」「どのように」提供するか決める　　39

考えます。

(1) 言われたらすぐやる　〜リアルタイム処理

　リクエストに応じて、その場で速やかに実行する――それをリアルタイム処理といいます。

> **例**
> ・トレイの補充／トイレットペーパーの補充
> 　⇒お客さんに「トレイがない」「紙がない」と言われたらすぐ補充する
> ・会員証の発行
> 　⇒お客さんに「会員になりたい」と言われたら、その場ですぐ会員証を発行する

　お客さんからしてみたら、要求したらすぐ対応してくれるのは理想かもしれません。しかし、サービスを提供する側の事情もあります。すべてのタスクをリアルタイムにこなすのは無理があります。また、すべて「言われたらやる」ばかりでは、むしろサービスダウンになるタスクもあります。

「もし、お客さんが用を足した後にトイレットペーパーがないことに気づいたら……」
「混雑している時間帯に、会員証発行の対応でレジ対応業務が滞ってしまったら……」

　そこで、まとめて処理する発想も取り入れましょう。

(2) まとめてやる　〜バッチ処理

　あるタイミングでまとめてやる一括処理を、バッチ処理といいます。バッチ処理は、さらに2つに分類されます。

1. スケジュール・トリガー

　日時など、あらかじめ決められたスケジュールに沿って実行するバッチ処理をいいます。2つの種類があります。

・日付けや時刻指定で定義する場合（日付指定、時刻指定）
　⇒「毎週水曜日の20時」「毎日10時と12時と14時」など

・実施間隔を定めて定義する場合（インターバル指定）
　⇒「10分おき」「1時間おき」など

> 例

・トレイの補充／トイレットーペーパーの補充
　⇒毎時0分と30分にフロアスタッフがチェックし、足りなければ補充する
　（「ただし、11時30分〜14時の混雑時間帯は0分、15分、30分、45分に確認する」など、時間帯に応じて条件を変化させる場合もあります）

・食材の調達
　⇒毎週月曜日と、水曜日と、金曜日にまとめて発注する

・キャンペーンの企画
　⇒毎年、6月と8月と10月と2月に企画する

2. イベント・トリガー

　IF〜THENのように、ある条件を満たしたらまとめて処理するバッチ処理をいいます。「特定の状態に達した」「閾値（しきいち）を超えた」などの条件を設定します。

- 割引セールの実施
  ⇒消費期限が4時間を下回った商品について、一斉半額セールをおこなう（ただし、このタスクを実行するには「在庫商品の消費期限をチェックする」タスクが設計され実行される必要があります）

(3) すぐやる＋まとめてやる

　リアルタイム処理とバッチ処理を組み合わせる場合もあります。たとえば、会員証の発行業務であれば、以下のように、リアルタイム処理部分とバッチ処理部分を分けることで、会員証発行対応でレジ対応業務を滞留させることなどなく、タスクをスムーズに流すことができます（この場合、会員証の発行業務、受け取り業務、登録業務を別タスクに分類して処理設計するといいでしょう）。

・会員証のカードは申込用紙とともにその場でお客さんにお渡しする（リアルタイム処理）
　↓
・申込用紙の提出を受けた後、会員情報のシステムへの登録と有効化処理は毎週金曜日の20時にまとめておこなう（バッチ処理）

　リアルタイム処理／バッチ処理。この発想は、あなたがいま実施している既存業務の改善にも十分役立ちます。

「これ、言われたらすぐやる必要があるのか？」
「事務処理はまとめてやったほうが、集中力が途切れなくて、効率もモチベーションも上がるのではないか？　作業ミスも減るのでは？」

　新規業務の立ち上げのみならず、いまの業務の再設計にも役立ててください。

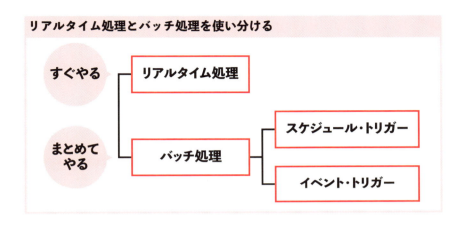

1-3

システムがやること、人がやることを見極める
自動化判断

　すぐやること／まとめてやることは設計できました。さて、それらのタスク、すべて人手でやることが現実的でしょうか？

・人手が足りず、回しきれない
・人がやると、手間も時間もかかる
・人がやると、ミスが増える

　あるいは、こんな懸念も。

・人がやると、モチベーションが下がる

　採用したスタッフ。ハンバーガーを作りたくて、あるいは接客がやりたくてあなたのお店に入ったのに、1日事務処理に追われてしまったら？　自身のやりたいことができず、自分の成長につながらず、辞めてしまうかもしれません（プログラミングがやりたくてプログラマーとしてIT企業に就職したのに、PowerPointの説明資料づくりに追われてモチベーションを下げる人の話を私はよく聞きます）。
　タスクを洗い出せたら（あるいは現行業務を見つめなおして）、システムに任せて自動化すること、人がやることを見極めましょう。

(1) システムに任せること

以下のいずれかに当てはまるタスク（あるいは業務自体）は、システムに代替させられると考えていいでしょう。

・繰り返し性のある作業、単純作業
・業界標準のソフトウェアパッケージやクラウドサービスがあり、そのやり方に乗っかってしまったほうが効率化できるタスク（いちいち業務を設計する手間も削減できる）
・人が実施すると時間がかかる作業
・人が介することでミスや手戻りが発生しやすい作業
・人のモチベーションを下げる作業
・システムでないと出しにくい付加価値業務（過去の大量の購買データをもとに未来の売上予測を提示してくれる、など）

ここまで業務設計できて判断できれば、RPA（Robotic Process Automation。おもに事務作業などの間接業務を自動化するテクノロジー）なども有効活用できます。

ただし、システムを利用すると、

・バージョンアップやメンテナンスのための費用
・機器などの保守費用
・ライセンス料

など運用保守に関わる手間や費用も発生します。どんな費用が発生するかを事前に知っておき、予算を確保しましょう（「タダでやって！」はご法度）。

(2) 人がやること

ひとえに「人がやること」と言っても、大きく2つに分けられます。

1. 人がやらざるをえないこと
2. あえて人がやること

1. 人がやらざるをえないこと

次のような場合は、人がやらざるをえなくなります。

- システム化するお金がない
- システム化するための時間がない
- システムを使える環境ではない
- 知識やスキルが属人化しており、言語化できない／システム化できない
- 業務が複雑で、システム化が現実的でない

業務の複雑さや属人化を解消するために、システム化をする価値は十分にあります。

2. あえて人がやること

あえて人がその作業をおこなうケースもあります。

① 人の手によることが価値である場合

人がおこなうことが、その業務の付加価値および競合他社との差別化要素になっている。

例
- 作り手（職人）の思いを直にお客さんに伝えるために、あえて人が製造する
- 人間の感性によるデザインが当社のブランド価値。デザイン業務は自動化しない

② 安定運用のため、あえて手運用と併行させる場合

システムがトラブルを起こしたときに人手で対応ができるよう、あえて併

行運用する。

　システム稼動後、1年はあえて人手でも運用して、組織にノウハウを貯める。

　そのように、システム化は「可能であるが、あえてやらない」選択もあります。

　たとえば、ハンバーガーショップの接客業務は、今の時代、自動化も不可能ではありません。しかし、「接客も価値の1つである」とオーナーが考えているならば、自動化は手段として適切でないかもしれません。

　その判断には、経営ポリシーや組織のマネジメント戦略が表れます。組織の「らしさ」や「ブランド観」が問われます。

　何でもかんでもシステム化するのではなく、「あえて人がやる価値は何か？」「自組織（会社、部門、職種）が大切にすることは何か？」を話し合ってみてください。それが、価値ある業務、価値ある組織、価値ある個人を作る大きな足がかりになります。

(3) 内製かアウトソースか？

　システム化するにしても、人が運用するにしても、すべて自組織で賄うには限界があります。他社（者）に任せる（アウトソースする）選択肢も視野に入れましょう。以下のように、要件や現状のリソースを勘案したうえで判断してください。

・どこまで自社にノウハウを残したいか？
・どこまで自社がコントロールしたいか？
・どのような人材を社内で育成したいか？
・自社の人材にどのような知識や技術があるか？

システム化する業務

内製

　自分たちで要件定義をし、社内にサーバーやアプリケーションやネットワーク機器を構築し、維持運用する。

アウトソース

　ITベンダーにシステムの構築と維持運用を任せる。クラウドサービスを利用する。

人がやる業務

内製

　社員や派遣社員やアルバイトスタッフで対応する。

アウトソース

　専門の企業に業務の一部または全部を委託する。

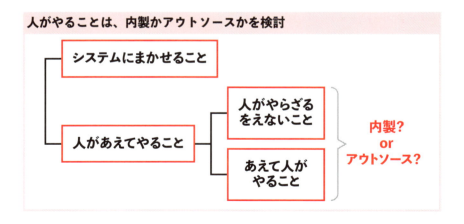

1-4 システムやサービスの機能と保証レベルを決める
機能要件／非機能要件定義

　ハンバーガーショップで、システムでやること、人手でやることは定義できました。しかし、それで十分とはいえません。システムやサービスの価値は、次の2つの要件を満たしているかどうかで決まります。

・機能要件
・非機能要件

(1) 機能要件とは

　機能要件とは、「そのシステムや業務で何を提供するか（何を実現するか）？」を言語化したものです。システムでやること、人手でやることを設計します（1-1を参照のこと）。

(2) 非機能要件とは

　ただし、よりよいシステム／業務にするためには、機能要件を考慮するだけでは不十分です。たとえば、あなたはハンバーガーショップの会員向けに、専用のWebサイトを作りました。会員は、そこで新発売の商品の先行予約や、割引クーポン券を入手することができます。
　相当かっこいいデザイン。インターフェースはバッチリ。ところが、いざリリースすると……

「昼休み時間帯に、重くて画面表示に時間がかかる！」
「しょっちゅう、サイトが落ちる」
「しかも、一度落ちるとなかなか復旧しない…」

　こんなクレームが殺到。はてさて、どうしたものか……
　このように、「機能以外の何か」を非機能要件といいます。具体的には、システムやサービスの性能、復旧のしやすさ、同時アクセス数、拡張のしやすさなどです。システムのインターフェースなどの機能要件と違い、見えない／使ってみないとわからない要因だけに、イメージしにくく、検討時に意識から抜けてしまいがちです。

　以下、システムや業務を設計するときに意識しておきたい、代表的な非機能要件の項目を7つ挙げます。

(3) 可用性

　約束した業務／サービス提供時間※のうち、実際に業務／サービスが稼動している時間の割合
＝利用者が必要なときに必要な業務やサービスを受けられる状態をどの程度保てているか、です。

可用性が問題になる例
・ハンバーガーショップ、臨時休業が多い
・営業時間内なのに、Webサイトが落ちている

※情報システムの世界では、約束した業務／サービス提供時間を「サービスレベル」といいます。
　サービスレベルについては、1-11節でくわしく説明します。

(4) 信頼性

　業務やサービスにおけるトラブルや不具合発生の少なさ
＝トラブルの発生頻度がどれだけ少ないか、です。

信頼性が問題になる例

・レジや調理器具の故障で、商品を提供できないトラブルが頻繁に起こる

　情報システムの世界では、信頼性の指標として「MTBF（平均故障時間間隔）」が使われます。MTBF は Mean Time Between Failures の略で、システムダウンから次のシステムダウンまでの平均的な間隔、つまり「どれだけ長く連続稼動しているか」を示します。

(5) 保守性

　業務やサービスにおけるトラブルや不具合からの回復の速さ
＝トラブルからの復旧がどれだけ速いか、です。

保守性が問題になる例

・レジや調理器具の故障が発生すると、その後まる1日閉店する

　情報システムの世界では、保守性の指標として「MTTR（平均修理時間）」が使われます。MTTR は Mean Time To Repair の略で、システムがダウンしたときに復旧までにかかる平均時間、つまり「どれだけ迅速に回復できるか」を示します。

可用性、MTBF、MTTRの求め方

（1）可用性

$$可用性（\%） = \frac{合意済サービス提供時間 - 停止時間}{合意済サービス提供時間} \times 100$$

（2）MTBF

$$信頼性（時間） = \frac{総稼働時間}{サービス中断の回数}$$

（3）MTTR

$$保守性（時間） = \frac{サービス中断時間}{サービス中断の回数}$$

（6）同時アクセス数

　情報システムなどで、ある瞬間に同時に接続している／接続可能な最大利用者数（情報システムを使わない窓口業務であれば、同時に対応できる最大人数などに置き換えて考えてみてください）です。

同時アクセス数が問題になる例
- Webサイトへの同時アクセス数は10ユーザーまでで、混雑時間帯に表示が遅くなる／タイムアウトする
- お店にレジが2台しかなく、同時に最大2組のお客さんしか対応できない。昼休み時間帯の待ち列が長い

(7) 運用性

運用やメンテナンスのしやすさです。

運用性が問題になる例
- POSレジ、レシート用紙の交換方法が複雑で時間がかかる。用紙も特殊仕様で、常に在庫しておかないとすぐに補充できない
- 調理器具が特注品で、故障しても修理できない

(8) 拡張性（スケーラビリティ）

システムにおけるほかのシステムや機器への接続のしやすさ、ビジネスの規模、利用者数、運用者数の拡大などに応じたシステムおよび業務の増強のしやすさです。

拡張性が問題になる例
- 会員情報データベース。システムの制約で100名を超える会員情報が登録できない
- 2号店、3号店ができた場合、情報システムの作り直しが必要（他店舗展開を考慮していない）

(9) 移行性

既存データや設備などの資産の移行のしやすさです。

移行性が問題になる例
- 会員情報データベースの会員データ、特殊な形式で保存されており、ほかのシステムに取り込むことができない
- 調理設備、移設が不可能。店舗の移転に対応できない

非機能要件の詳細は、独立行政法人情報処理推進機構（IPA）が『非機能要求グレード』として定義して公開しています。情報システムに寄った説明ですが、参照してみてください。

https://www.ipa.go.jp/sec/reports/20180425.html

(10) 「有用性×保証」で業務の価値や脆弱性を診断する

あなたの業務（既存業務であっても）の価値や脆弱性を最もシンプルに判断するための計算式を示します。

価値 ＝ 有用性 × 保証

価値とは、有用性と保証のかけ合わせ。いずれかが低いと、その業務やサービスの価値は低くなります。

たとえば、どんなに美味しいハンバーガーを扱っていても、いつも品切れだったり、機械の故障が頻発して安定提供できなければ、「価値あるサービスを提供できている」とはいえません。この場合、有用性は高いが、保証が低い状態といえます。

一般的に、有用性⇒機能要件、保証⇒非機能要件と考えられます。

あなたの業務、有用性と保証、いずれかが弱い状態になっていませんか？
新しい業務やサービスを検討するとき、機能要件か非機能要件、いずれかの考慮漏れがありませんか？

抜け漏れは、その業務／そのサービスの価値を下げます。

(11) プロトタイプを作って運用テストをしよう

　プロタイプ＝製品やITシステムの初期段階で機能や性能を確認するために作る試作品。業務をITシステムに落とし込む場合、可能であればITシステムの要件を定義する段階でプロトタイプを作り、運用テスト（P.170）をしておきたいです。

　一般的に、ウォータフォール型（企画構想→要件定義→設計→製造→テスト→リリースの流れでおこなわれる開発行程）と呼ばれるシステム開発では、運用テストがおこなわれるのは最後。製品やITシステムができあがった後になります。しかし、往々にして運用テスト段階で、開発者と運用者あるいは利用者とのイメージの違いが浮き彫りになります。あるいは、実物を見せられてはじめて「そういえば、こんな業務フローがあった」「こんな機能がないと困る」と気づくことも。

　かんたんな画面イメージでかまいません。要件定義の段階で（要件定義を進めながら）、完成物のイメージ（プロトタイプ）を作成し、その場で実際の運用を想定した机上の運用テストをおこないましょう。運用者や利用者に、プロトタイプを使った業務の模擬シミュレーションをおこなってもらうのです。運用テストを通じて、さまざまなリアルに気づくことができます。

・だれが、どのようなシーンでそのシステムを利用するのか？　悩まず、迷わず操作できるか？
・画面サイズは適切か？　会社規定の標準PCで利用すると想定した場合、画面サイズと合わず縦横のスクロールが多くて利用者にストレスを与えないか？
・文字の大きさや色合いは？　利用者の年齢層に合っているか？　工場や屋外などで利用する場合に見やすいか？　視覚障がい者への配慮は？
・足りない機能要件／非機能要件は何か？
・何を利用者にインプット（入力または選択）させるのか？
・画面に表示される情報は、どこから持ってきて、どこに渡すのか？（システム間連携の要件）
・出力が必要な情報があるか？　また、その形式は（csvなどのデータ形式、

あるいは紙の帳票）？
・システムでカバーできない業務を、どのようにシステムの外で対応するか？
・利用者やヘルプデスクが、その画面や操作の説明をしやすいか？
・過去データを、どの程度の期間バックアップしておくか？（保存期間、世代管理）

　要件定義は、参画する各人の経験や観点の豊富さ、さらには要件を言語化する言語能力に依存します。どんなに入念な要件定義書を作成しても、文章の羅列だけではどうしても実際の運用をイメージできなかったり、業務の全体像が把握できないものです。

　運用テストは要件定義の段階で。

「すべらないITシステム開発」のポイントです。

1-5 利用者が行動をしたくなるようにする／行動を阻害する要因を取り除く
行動設計

　どんなにおいしいハンバーガーを提供していても、お客さんに知ってもらえなければ売れません。また、不適切な食べ方をされては、満足してもらえないかもしれません。

　同様に、どんなにすばらしい業務でも、提供者（運用者）が意図したとおり利用者が行動してくれるとは限りません。どんなに優れた機能や非機能を充実させたITシステムでも、使い方がわかりにくければ、効果は得られません。また、どんなに魅力ある会員向けサービスを提供しても、会員がそのサービスを知る手段がなかったり、使い方が複雑でわからなければ、価値は提供できません。PRによる認知向上、説明や問い合わせ対応、クレーム対応など、コミュニケーションコストも上昇します。よって、最近では、利用者の利用行動を促す仕掛け、利用のハードルを下げる動線づくり、さらには運用者が説明しやすい工夫など、「行動をデザインする」発想、すなわち行動設計が重要視されつつあります。行動設計に大事な観点は次の2つです。

① 行動をしたくなるようにする
② 行動を阻害する要因を取り除く

　いずれも、利用者が自らその業務やサービスを利用したくなるような（あるいは運用者が意図した行動をしたくなるような）内発的動機づけをし、行動に導くための観点です。

(1) 行動をしたくなるよう促す

　スタッフがわざわざオススメしなくても、お客さんに人気商品に気づいて注文してもらえるような仕掛けができているか？
　ハンバーガーを買ったお客さんが、迷わずソースやスパイスを取って席に運び、冷めないうちに口に運んでもらえるような動線になっているか？

　次の5つの観点で、あなたが提供している業務やサービスに改善の余地がないか考えてみましょう。

1. 動線を工夫する
2. 初期状態を工夫する
3. タイミングを考慮する
4. 快感／成長を設計する
5. エクスペリエンスを設計する

1. 動線を工夫する

　店舗やオフィスなど空間のデザインやレイアウト、壁の色、ITシステムであれば画面のデザインなどインターフェースにより、利用者に行動を促します。

例
- 慢性的に混雑している金融機関の窓口。窓口の手前の床に1本赤い線を引いただけで、お客さんが自然とそこに整列して並ぶように
- 売り場面積が狭く、混雑しやすい雑貨店。一方通行にすることで、お客さんの流れを制御

　見た目や形状の工夫も効果があります。「思わず〜したくなる」ようなデザインは、利用者を自然に行動に導きます。

> 例

- エスカレータが常に混雑している駅。階段をピアノの鍵盤の模様に塗装した結果、階段を利用する人が増えた（＝思わず踏んで歩きたくなる動機づけ）
- 急いで歩いてほしいオフィスのフロア。等間隔に線を引いただけで、従業員はその線を追って踏みながら歩くようになり、歩行速度が上がった（＝思わず踏んで歩きたくなる動機づけ）
- 高速道路の上り坂のトンネル。側壁に等間隔に誘導灯を配置し、進行方向に向かって点滅する仕掛けにすることで、利用者のクルマの減速を回避。渋滞の解消に（＝思わず灯を追ってアクセルをふかしたくなる動機づけ）
- 社内システムの画面のログインボタン。押したくなる形状で、はじめて使う利用者でも迷わずログインできる

オフィスの通路のカーペットを横断歩道や鍵盤のようにアレンジした例。歩く速度を上げ、アクティブな動きを促進する効果がある。
（提供：株式会社オカムラ）

2. 初期状態を工夫する

　利用者を、初期状態（お店に入ったときの最初の位置、システムにログイ

ンした直後の初期画面など）でどのような状態に置くかも、スムーズな行動を促すポイントです。

> 例
> - 通路は一本道。とりあえず先に進めばよさそうである
> - ITシステムのログイン後に表示される最初の画面には、大きなアイコンが2つ。とりあえずどちらかを直感的に選んで進んでいけば、手続きが完了する

　ファミリーコンピュータ（通称：ファミコン）のゲーム、スーパーマリオブラザーズをプレイしたことのある人であれば、初期状態がいかに重要かをおわかりいただけるでしょう。スタートボタンを押して、最初に表示される画面では、左端に主人公のマリオ（またはルイージ）がただ立っているだけ。やがて、画面の右端から敵キャラがとことこ近づいてきます。画面を見ただけで、プレイヤーは右に進めばいい（マリオまたはルイージを十字キーの右ボタンで進めればいい）とわかり、だれに説明されなくても右に進みます。説明書を読まなくても、だれかに聞かなくてもプレイ可能。コミュニケーションコストもかかりません。

3. タイミングを考慮する

　その業務やサービスに関する情報を、最も利用してほしいタイミングに利用者に発信します。

> 例
> - 社内の経費申請システム。社員からの申請が集中する、経費申請の締め日のみ、イントラネットのトップページの目立つところにシステムへのリンクが出る
>   （なおかつ、そのヘルプデスクに経費申請手続きに関する問い合わせ専用ダイアルを開設し、問い合わせにすぐ回答できる体制を整える）
> - 毎月の社内報。社員が読みたい／読んでもいいと思うタイミングに発行する（決算発表日、人事異動発令日、給与支給日など）

キャンペーンやイベントなどをおこなう場合、季節性も相手に受け入れてもらいやすい（なおかつ、運用者も実施の背景を相手に説明しやすい）ファクターになりえます。

例
- 製作所の安全意識向上のために、「安全川柳コンテスト」（社員から安全をテーマにした川柳を募集して掲示〜優秀作品を投票で選ぶ）を実施したい
  ⇒ どうせならお正月休み前後など、川柳が似合いそうな時期に実施する

4. 快感／成長を設計する

　その業務やサービスを利用することそのものが心地よい。
　利用すると新たな知識が得られたり、視野が高まって、自身が成長する。

　これらも、相手に利用行動を促す要因になりえます。

例
- 社内システム。押したときの音が心地よくて、つい利用したくなる
- 特定の技術情報を扱ったWebサイト。たまに専門家からのコメントがつくので、自身の気づきや質問を喜んで投稿したい
- 新しいクラウドサービス。利用を通じて、どんどん自分が賢くなり、ITリテラシーもスキルも上がる

　東名高速上りの綾瀬バス停〜大和トンネル出口付近。緩やかな上り坂とトンネルが続き、走行するクルマの速度が低下して、自然渋滞が発生しやすい区間です。ここに、ユニークな看板を設置して、ドライバーがクルマの速度を低下させないような働きかけがなされています。

「↓ここが渋滞ポイント↓」
「まだまだ」「上り坂」「速度回復」

　など、まるでドライバーを応援するようなメッセージの数々。ドライバー

は気持ちよくアクセルを踏むことができます。これも快感設計ととらえることができるでしょう。

東名高速上りの綾瀬バス停〜大和トンネル出口付近の看板

　ドラゴンクエストのようなロールプレイングゲーム。敵を倒すにつれ経験値が増え、レベルが上がり、主人公たちはどんどん強くなります。その成長が快感で、ゲームをどんどんと進めたくなります（レベルが上がったときに鳴る効果音も、プレイヤーに達成感と快感を与えてくれます）。
　別の事例をもう1つ。私はIT企業に勤務していた時代、中国のIT企業を足しげく訪問していました。中でも、北京の企業のデータセンターが印象に残っています。サーバールームの扉がカッコイイのです。SFアニメのような、宇宙基地を思わせるようなガラスドア。開口部はジグザグで、開閉するたびに「シュワーン！」とヒーローが出陣するような音が鳴ります（音に

より扉が開閉したことをまわりに知らせる、セキュリティの効果もあります)。社内システムのログイン画面もかっこよく、ログイン時には「ウォーン」と迫るようなサウンドが響きます。システム監視をおこなう居室は、コクピットのようなデザイン。さながら「システムを守るヒーローの現場」の雰囲気があちらこちらに感じられます。日頃なかなか日の目を見ず、ともすればモチベーションも下がりがちなITシステム運用の現場。そこに快感を設計することで、運用者自身のモチベーションや一体感を高める効果があります。これは、働く人たちの「エンゲージメント」(第6章)の維持向上にも寄与します。

5. エクスペリエンスを設計する

利用を促すための説明をしたり、仕掛けを設けるより、その業務・サービスを相手に経験(エクスペリエンス)してもらったほうが早い場合もあります。

例

- iPadを使った、会議資料の共有システム。高齢のスタッフを中心に「使いこなせる自信がない」「紙資料でないとイヤだ」など反発の声が多い。
    ⇒ためしに1部署限定で、1ヶ月だけ使ってもらった
    ⇒「ITにくわしくない自分でも使いこなせた!」
    「かんたんな操作で文字を拡大でき、紙よりもむしろ見やすい!」
    「おかげで最新のITにくわしくなり、プライベートの質も向上した!」
    など大絶賛
    ⇒いまでは「なんであなたたち、こんな便利なモノを使わないの?」と他部署の高齢のスタッフに言うように

この事例は、複数の企業で実際にあった実話です。

経験により、自分自身で感じたメリットは、なによりの説得材料。当初は変化に抵抗し、反対していた人たちが、その業務・サービスのファンになり、伝道者にもなってくれます。「とにかく経験させてしまう」それも、行動設計の1つのやり方です。

ただし、このアプローチをとるには、最初の牽引力や強制力も肝です（トップダウンで落とすなどの、コミュニケーション戦略も重要）。

(2) 行動を阻害する要因をとり除く

「新商品の焼き鳥バーガー。値段が518円と中途半端で、支払いがめんどくさい」
「デザートメニューの、ゆるふわソフトクリーム、溶けるのが早くて、手がベトベトに。とにかく食べにくい！」
「期間限定の人気商品。名前が長すぎて、お客さんが覚えられない」

　利用行動を阻害する要因を取り除き、利用者が行動しやすい環境を創る、あるいは利用者が行動するリスクを下げる——そのようなアプローチも、業務・サービスの価値向上およびスムーズな運営に有効です。利用行動を阻害する要因は4つ考えられます。

1. コストのハードル
2. 手間のハードル
3. 記憶のハードル
4. 評価のハードル

1. コストのハードル

　コストには大きく2つあります。文字どおりの金銭面での負担と、労力の負担です。支払いやすい価格設定、あるいは仲間などの第三者に伝えるコミュニケーションコスト（労力）がかからないサービス設計は、行動のハードルを下げます。

例
・「全品100円」「500円均一」などワンコインで支払える金額設定にする
・クレジットカードで支払いができる

⇒わざわざ小銭を準備する必要がない
・申請手続き、Web サイトを見ればすぐわかるようにする
　⇒細かな説明をしなくても「ここを見てください」のひと言ですませられる

　手続き業務など、完了するまでの所要時間の長さも、利用行動を阻害する要因に。たとえば、以下のように目安の所要時間を示すだけでも、利用者は安心してその業務・サービスを利用できます。

例
「この手続きにかかる時間はおよそ5分です」

　相手に時間の長さや現在地を示し、不安を除去する。
　利用する／しない、このままその手続きを続ける／続けないの選択権を与える。
　これは、利用者と運用者相互の信頼関係にも影響します（不要なクレームの削減にも）。
　私は高速道路をよく利用しますが、事故渋滞時の電光掲示板の案内にいつもストレスを感じています。

「名古屋〜春日井　事故渋滞10km　90分」

　これでは、その渋滞がいま始まったばかりでこれから悪化するのか、解消に向かっているのか、ドライバーは知ることができません。
　たとえば、以下のように、渋滞ステージに応じたグルーピングをする。

　A（発生したばかり）
　B（事故処理作業中）
　C（事故処理まもなく完了）
　D（事故処理完了）

　そして、事故処理スタッフからの作業進捗報告に応じて、コントロールタ

ワーで進捗を把握〜電光掲示板に以下のように表示する。

「名古屋〜春日井　事故渋滞 B 10km　90分」

　このようにするだけでも、ドライバーは「迂回」「諦めて渋滞を我慢する」「手前のサービスエリアで時間調整する」など利用行動を判断できるでしょう。情報が与えられていない、主体的な判断ができない状態は、利用者に余計なストレスを生みます（もちろん、あえて状況をぼやかすことで、利用者におしなべて利用を控えさせる効果があるのであれば、その限りではありませんが）。
　所要時間の設定は、その業務・サービスを提供する運用者側の目的意識の向上と一体感の醸成にも寄与します。ハンバーガーショップの例で考えてみましょう。

例
「3分で出せる（作れる）メニューを考えよう」

　このひと言で、「レジスタッフがお客さんから注文を受ける⇒キッチンに伝達する⇒調理する⇒盛り付ける⇒お渡しするまでの全工程において、どこをどう改善したら3分以内に収まるか？」など、改善を考える目安ができます。

2. 手間のハードル

　"わざわざ"やらなければいけない——それは、大きなハードルです。"わざわざ"やらなければいけないを、"ついでに"すませられるに変えるだけで、利用行動を促すことができます。手間には大きく3つあります

①操作／手続きの手間

・申請書に"わざわざ"手書きしなければならない
・"いちいち"別のパスワードを設定しなければならない

- "いちいち"現金を用意しなければならない
- "毎度毎度"すべての項目を画面に入力しなければならない
- "毎度毎度"社内稟議で部内すべての管理職のハンコ（物理）をもらわなければならない
- 購入申請と、決裁のワークフローを"いちいち"別々に回さなければならない
- 共有ファイルサーバーの共有フォルダ。"わざわざ"いろいろなフォルダをもぐらたたきのようにクリックしまくって、必要なファイルを探し出さなければならない

　私が以前勤めていた自動車会社の中国事業室。社内各部署からの中国関連の問い合わせが多く、社員は対応に疲弊していました。そこで立ち上げたWebサイトがわかりやすくて好評だったのを記憶しています。名前は「1 click to China」。名前の覚えやすさ（後述する「記憶の手間」をクリア）もさることながら、「必要な情報をトップページから1クリックで見つけられる」をコンセプトに設計したのです。操作／手続きの手間を省くコンセプト設定とサービス設計が利用のハードルを下げた事例です。

　あるコンビニエンスストアが、来店して買い物をしたお客様への満足度調査をおこないました。一般的には、アンケート用紙をおいてお客さんに記入してもらったり、調査員が立って聞き取り調査をおこなうケースが目立ちますが、このコンビニエンスストアがとった方法は画期的。レジ出口付近に「満足」「不満」の2つのボックスを設置し、不要なレシートを入れることで「投票」してもらうスタイルにしたのです。まさに"わざわざ"を"ついでに"に変えた好事例といえるでしょう。

　私は出張が多く、ビジネスホテルを頻繁に利用します。この時、意外とネックになるのがチェックアウト時の手続き。朝の混雑する時間帯は、フロントに長蛇の列が。早く目的地に移動したいビジネスパーソンのストレスになります。気の利いているホテルは、チェックアウト時の手続きを簡素化。前精算で、支払いはチェックイン時に完了。チェックアウト時は、フロントの脇に設けられたドロップボックスに鍵を投函するだけ。待たされることなく、スムーズに移動できます。

②理解の手間

例
- 社内システム、"毎度毎度"マニュアルを見ないと操作できない
- 画面が複雑すぎて、どのボタンを押したらいいのかわからない

　航空会社のグランドハンドリング（航空機の整備や誘導などをおこなう業務）の現場では、LINEに似たインターフェースのチャットツールを導入することでスタッフ同士の業務上のコミュニケーションを改善した事例があります。日頃使い慣れているインターフェースに似せたことで、「わざわざ操作方法を理解する」手間を省いて行動しやすくした好事例といえるでしょう。

③説明の手間

例
- マニュアルが複雑すぎて、運用者が説明するのに手間がかかる。無駄な問い合わせやクレームも多い
- 操作方法を第三者が利用者に説明するのに難儀する

　1つ例題を出します。以下は、都内のある駐輪場の料金体系を示す文章です。これをわかりやすく説明するには、どのような工夫が考えられるでしょうか？

「料金は12時間で100円です。ただし最初の3時間までは無料です。12時間以降は、12時間ごとに100円加算されます」

　文字の説明だけではわかりにくいですね。看板の前で立ち止まっている人の姿も。自分がどのパターンに当てはまり、自分は結局いくら払うのか、瞬時に理解できない。
　かんたんな図解を添えるだけで、説明の手間（および相手の理解の手間）を省くことができます。

図解することで説明の手間を省いた料金体系

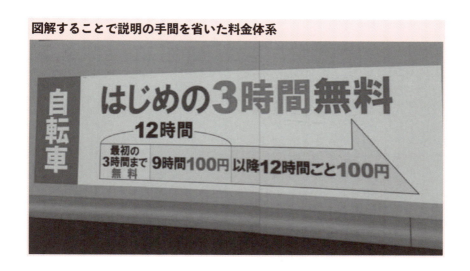

　これなら、利用者はあらかじめ支払い金額を予測でき、小銭を用意して出庫に手間取らないよう準備することもできます。

　また、スマートフォンなどのアプリケーションを提供するなど、ITを使った工夫も一考の価値ありです。たとえば、予定入庫時間と予定出庫時間を画面に入力し、本人が利用するケースにおいての金額を提示する方法が考えられます。

　文字に依存しない説明は、説明対応のためのコストも下げます。たとえばデンマーク製の玩具であるレゴブロックは、組み立て説明書がじつにシンプル。イラストと組み立て順序を示す番号のみで、小さな子どもでも遊べるよう工夫がされています。細かな説明は一切不要。また、文字を省くことで、多言語化のコストがかからない、すなわちグローバル対応のハードルも下げています。

　文章は、人によって解釈の仕方が異なったりして、手戻りやクレームを発生させることにもなりかねません。図やイラストやマンガ、あるいは色や音。これら直感的な理解、ぶれない理解を促す要素も、積極的に活用しましょう。

　説明しやすい業務設計・サービス設計は、利用者だけではなく、運用者のストレスも下げます。

> 例
> - ヘルプデスクが説明しやすいマニュアル
> - ヘルプデスクが説明しやすい**画面構成と画面遷移**

　運用ストレスやコストの削減は、設計にかかっているのです。

3. 記憶のハードル

　その業務やサービスの名前、あるいは存在そのもの、さらには利用するために必要な情報を記憶できるかどうか？　「記憶しにくい」「思い出せない」いずれも、利用のハードルを悪気なく下げます。

> 例
> - 名称が複雑すぎて、その業務／サービスの名前を覚えられない
> - サービスを利用するためのIDとパスワードを"いちいち"覚えておかなければならない
> - パスワードが長すぎて覚えられない
> - 会員証を保管した場所を思い出せない

　記憶のハードルを下げるための工夫の例を1つ。私はよく空港の駐車場を利用します。羽田空港、名古屋空港など主要の空港の駐車場には、階と区画を示す番号（例：3B）のほか、「パンダ」「ゴリラ」などフロアごとに動物のイラストが掲示されています。これは、駐車した場所を記憶するハードルを下げる工夫の1つといえるでしょう。
　子どもを連れて旅行する場合、大人の私たちが駐車したフロアを覚えていなくても、「パンダさんだよ！」「キリンさんだよ！」など子どもが覚えていてリマインドしてくれることも。同行者が覚えやすいアプローチで、記憶の冗長化を助けてくれているのです。

4. 評価のハードル

　その利用行動が人前でさらされない、不用意に他人に評価されないなどの

配慮も、時と場合によっては大事です。

> **例**
> ・運用者に質問ができる投稿サイト。実名が公開されるので、質問を投稿しにくい。なおかつ、見知らぬ第三者のレビューコメントが勝手につくのが不快
> ・保険会社の店舗の受付窓口。仕切りがないので、プライベートな相談をしにくい

　街頭のアンケートなど、人が行き交う道のど真ん中で、想定外に長々とインタビューされて、居心地が悪くなった経験のある人もいるでしょう。他人に評価されない、心理的安全性の確保も、相手の行動を阻害しないポイントです。
　ちなみに、私は某SNS（made in USA）の、「プロフィール写真を変更しただけで、フォロワー全員にタイムラインで変更が通知される」仕様がどうもニガテです。あの「公開処刑」はなんとかならないものか……（ある意味USAらしい発想なのかもしれませんが）。

(3) 「運用しやすい」「他人に説明しやすい」サービス設計、インターフェース設計

「新しいハンバーガー。特徴が複雑で、スタッフがお客さんに説明しにくい」
「容器がいつもベトベトで、片づけるのが大変」

　このような商品やサービスは、運用者にとって厄介者。運用の手間やコストをいたずらに増やします。
「運用しやすい」「他人に説明しやすい」。この2点は、運用者（あるいは第三者）がそのサービスを相手に説明する手間ひいてはコストを下げます。特にインターフェースは、運用しやすさ、説明しやすさを左右する大きな要素になりえます。

インターフェース

　一般的に、システムと人間の接点をインターフェースといいます（例：システムの操作画面）。システムでなくても、たとえばお客さんの対応窓口や説明書や申請書など、サービスと利用者との接点もインターフェースととらえられます。

　システム／アナログに関わらず、インターフェースのデザインは、使う人の生産性やモチベーションを左右する重要なファクターです。システム画面を例に考えてみましょう。あなたは、次の2つのどちらが操作しやすいと思いますか？

① 小さな文字が画面いっぱいに並んだ入力画面
② 大きなアイコンやイラストが並んだ、グラフィック中心の画面

　おそらく、②を選ぶ人が多いでしょう。
　さらに質問です。②のようなグラフィック中心の画面が2つあったとして、次のどちらが直感的に操作しやすいでしょうか？

③ はじめて見る、独特のデザインの画面
④ 普段プライベートで利用している、スマートフォンと似ている画面

　インターフェースのわかりやすさは、コミュニケーションコストや業務品質に直結します。

・無駄に考えさせない
・無駄な問い合わせを増やさない
・誤った操作をさせない

　また、インターフェースは、利用者だけではなく、内部の運用者（すなわちスタッフ）が使いやすいかどうかの観点も重要です。

・参照しやすい

- どこに何があるかわかりやすい
- お客さんから問い合わせを受けたときに、案内しやすい

　中でも、案内のしやすさは、意識してほしいポイントの１つです。とりわけ、不特定多数の人やいわゆる「一見」さんが利用するシステムやサービスを設計するとき、利用者本人／運用者／第三者のいずれの目から見てもわかりやすいインターフェースは、コミュニケーションの手間とコストを下げます。

- 問い合わせをする人が、「現在位置」を説明しやすい工夫がしてある
    - ⇒ 「いま、システムのどの画面にいるのか」
      「どんな操作をしているのか」
      「申請手続きの、どの段階でつまずいているのか」
      「困りごとはなにか」
- 問い合わせに答える人が、説明しやすい工夫がしてある
    - ⇒ 「どの画面に移動したらいいのか案内しやすい」
      「どのボタンを押せばいいのか示しやすい」
      「どこに行けばいいのか指示しやすい」
      「困りごとのパターンを言い当てられやすい」

　案内しやすくするポイントは以下です。

- 記号や番号でわかる
- 図で示されている
- 選択肢が示されている
- 色で案内しやすい（ただし、視覚障がいのある人への配慮も要考慮）
- 音で案内しやすい（ただし、聴覚障がいのある人への配慮も要考慮）

　私は、京都の市営バスの行先表示のインターフェースがとてもわかりやすいと感じています。

- 系統番号は数字のみ（「品93」「鎌24」など漢字がなく、外国人や子ども

にも説明しやすい）
- 行先と主要観光地（仁和寺、清水寺など）が、日本語と英語で大きく表示されている
- 車両後部の行先表示も大きい
- どの通りを通るか、ラインカラーで分類されている
- 営業車と回送車で表示方法が異なり、遠くから見て営業／回送が判断できる（営業車：黒背景に白抜き文字、回送車：白背景に黒文字）

京都の市営バスの行先表示

　空港の搭乗ゲートにおける、搭乗順序の案内。最近になって仕組みが変わりました。かつては、「小さなお子様をお連れのお客様、妊娠中のお客様」「プラチナ会員、ゴールド会員のお客様」「座席番号が1番～23番までの前方席のお客様」など、文章による説明のみで搭乗順序を案内していました。ところが、最近は「Group 1」「Group 2」「Group 3」のように、搭乗順序が番号でグルーピングされ、グループ番号が搭乗券にも表示されるように。これは運用者、利用客の双方にメリットをもたらします。

- 運用者の説明がラクに（細かな説明を省略し、グループ番号で案内ができる）
- 利用客の理解がラクに

搭乗券のグループ番号

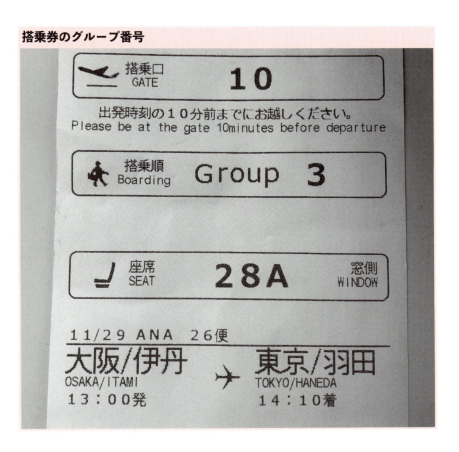

　このように、私たちの身の回りにもわかりやすいインターフェース、わかりにくいインターフェースの事例はたくさん転がっています。手始めに、そのインターフェースが「外国人や子どもや高齢者にわかりやすいか、説明しやすいか？」を想像してシミュレーションしてみてはいかがでしょうか。

　繰り返しになりますが、どんなに優れたシステムでも、使い方がわかりにくければ台なしです。どんなに魅力ある会員向けサービスを提供しても、会員がそのサービスを知る手段がなかったり、使い方が複雑でわからなければ、価値は提供できません。インターフェースにも気配りを。

(4) マーケティングの4Pで考えてみる

「提供している商品の質はいいか？」
「価格は適切か？」
「PRができているか？」
「販売する場所が妥当か？」

　あなたのハンバーガーショップがしっかりとしたお店であれば、このようなふりかえりをすることでしょう。同様に、あなたが提供している業務やサービスも、適切な行動設計ができているかどうかチェックしてみましょう。そのために役立つのが、マーケティングの4Pです。4Pとは、4つのPの頭文字をとったものです。

1. Product：製品・サービス
2. Price：価格
3. Promotion：プロモーション
4. Place：流通、販売チャネル

　業務やサービスの評価をマーケティングの4Pでおこなうならば、次のような観点が考えられます。

1. Product：製品・サービス

　⇒その業務・サービスが適切な価値を提供できているか？

2. Price：価格

　⇒価格ないし手間に見合う価値を提供できているか？

3. Promotion：プロモーション

⇒その業務・サービスが利用者に認知されているか？
適切なタイミングで、利用者に関連情報を提供できているか？

4. Place：流通、販売チャネル

⇒利用者が利用しやすい、適切な場所や場面で、その業務やサービスを提供できているか？

COLUMN
行動アクセルと行動ブレーキ

　博報堂行動デザイン研究所所長の國田圭作氏は、著書『人を動かすマーケティングの新戦略「行動デザイン」の教科書』（すばる舎）の中で、行動をしたくなるようにする要因を「行動アクセル」、行動を阻害する要因を「行動ブレーキ」と説明し、それぞれ9つずつ（計18個）のポイントを紹介しています。行動デザインをくわしく学びたい方は、参考にしてみてはいかがでしょうか。

COLUMN

運用しやすい行動を、利用者に促す工夫
～社員食堂の「そばうどんコーナー」の例

　私が過去に勤めた会社（A社、B社）の、社員食堂の「そばうどんコーナー」におけるオーダーの仕方を比較してみます。いずれの社員食堂も、同一のカウンター兼厨房で「そば」と「うどん」を提供しており、汁を「関東風（濃い味）」「関西風（薄味）」から選べます。

- 利用客（社員）は、カウンターに並び、スタッフに「そば」か「うどん」か、汁の種類を口頭でオーダーする
- オーダーを受けたカウンタースタッフは、横の調理スタッフ2名（麺を茹でて椀に入れるスタッフ、椀に汁を注ぐスタッフ）に口頭でオーダー内容を指示する
- 調理スタッフ2名が「そば」「うどん」をカウンターで利用客に提供する

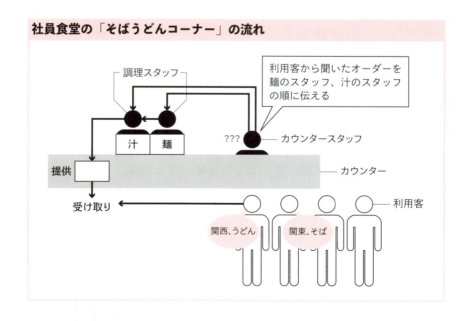

A社の社員食堂、B社の社員食堂、ともにオペレーションはいっしょ。ところが、B社ではなぜかカウンタースタッフの聞き直しや、指示まちがいによる手戻りが頻発していました。それはなぜでしょうか？
　その差は、利用客がカウンタースタッフにオーダーする伝え方（カルチャー）から生じていました。

・A社では、利用客は「うどん、関西」のように「麺種⇒汁種」の順で伝えている
・B社では、利用客は「関東、そば」のように「汁種⇒麺種」の順で伝えている

　厨房のオペレーションの流れを見てみましょう。A社、B社ともに、麺を茹でてから⇒汁を注ぐオペレーションです。利用客からオーダーを受けたカウンタースタッフは、まず隣のスタッフに麺の種類を、次にその隣のスタッフに汁の種類を伝えます。
　この時、利用客が「麺種⇒汁種」の順で伝えてくれれば、カウンタースタッフは頭の中で並べ替えをせずに、そのまま調理スタッフにオーダーの内容を伝えることができます。この並べ替えがあるかないかが、大きな差だったのです。
　混み合うお昼の時間帯、ほんのひと手間が、食堂のスタッフの記憶力や集中力のリソースを消費させ、その結果ミスや手戻りを発生させます。厨房のオペレーション順序に沿ってオーダーしてくれたほうが、スタッフも利用客も幸せになります。

1-6 だれがどのように業務を回すかを決める
運用組織設計

　ハンバーガーショップの運営に必要なタスクと要件は整理できました。しかし、それをすべて店長のあなた1人で回すのは無理そうです。どのような運営体制を組めばいいでしょうか？　さらには、どんな人を採用したらいいでしょうか？

(1) 運用体制図を作る

　どのような体制でお店を回すか？　最初に、運用体制図を描いてみましょう。洗い出したタスクをこなす、および全体をマネジメントするためにどんな役割が必要かを「箱」で示し、箱と箱とを線で結び、指揮系統を表現したものです。運用体制図を作るメリットは3つです。

1. 必要なタスクに対して必要な役割が設定されているか、組織設計上の抜け漏れを確認しやすくなる
2. ビジネス規模の拡大／縮小など将来の変化に応じて、どの役割を増員／減員するかを検討しやすくなる
3. 将来、類似の別業務を始める際、組織設計のテンプレートとして再利用でき、検討の手間を省くことができる

　業務の規模、人数の規模によっては、複数のタスクを1人が兼任しなければならないケースもあるでしょう。その場合、複数の箱を書いて「兼任」であることを色や記号で示すといいでしょう。

運用体制図

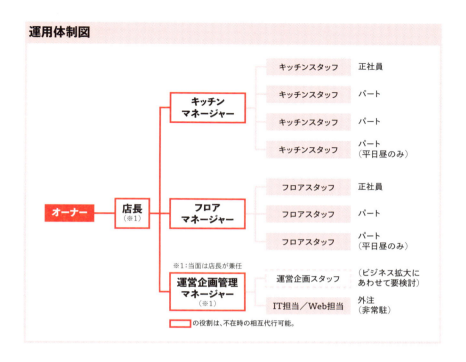

(2) ジョブディスクリプション（職務記述書）を用意する

　運用体制図を描いたら、それぞれの登場人物の役割を記述します。各人の職務内容に関する役割、期待、責任や権限を記述したものをジョブディスクリプション（Job Description：職務記述書）といいます（略してJDと表現することも）。海外の企業ではあたりまえのように作成されていますが、日本の企業ではあいまいなケースが多いです。組織設計をおこなううえで、ジョブディスクリプションはできれば作成しておきたいです。

(3) スキル要件

　マネージャー、スタッフ。それぞれの役割の人に求めるスキルや知識や経

PART1　「何を」「どのように」提供するか決める

験、すなわちスキル要件を定義しましょう。スキル要件が曖昧だと、どんな人を採用したらいいかもわからないですし、だれをどのポジションに配置して、かつどのような育成をしたらいいかもわかりにくくなります。業務内容とスキルのミスマッチによる退職は避けたいです。

　以下のような「スキルマップ」を作成してみましょう。

スキルマップ

必要スキル （スキル／知識／技術／経験）		必要性と現有状況 ◎：必要かつ十分なスキルを有する（強化不要） ○：必要かつそこそこのスキルを有する（要強化） △：必要だがスキル未習得（要強化） ―：不要				
		Aさん	Bさん	Cさん	Dさん	Eさん
汎用スキル	会計の知識	◎	○	―	―	―
	Excelのスキル	○	○	○	○	○
	接客の経験	○	◎	◎	◎	◎
	英語接客能力	―	―	△	○	◎
	--------	△	◎	◎	◎	◎
特殊スキル	ハンバーガーショップ勤務経験	◎	◎	○	△	△
	調理師免許	―	―	―	○	◎
	食材管理の経験	○	○	◎	―	―
	--------	△	△	△	△	△

　まず縦軸に、その業務を遂行するために求めるスキル（技術／知識／経験）を書き出します。可能であるならば、汎用スキルと特殊スキルの2つに分類してください。

汎用スキルの例

・プレゼンテーション能力
・プレゼン資料作成能力
・クリティカルシンキング

特殊スキルの例

・テクニカルライティングスキル
・Visual Basic のスキル
・Java のスキル
・通関士の資格
・ヘルプデスク経験（2年程度）

　さらに、横軸に（1）で定義した役割の名称（店長、フロアマネージャーなど）、すでに動いている既存組織であれば人の名前を書き出してみましょう。それぞれの役割あるいは人に必要なスキル、現有状況（いまそのスキルがあるかないか）を明記します。これにより、組織としてどんなスキルが足りているか／足りていないかを可視化しやすくなり、さらに育成の計画も立てやすくなります。

　また、このマップを入社候補者に見せることで「この組織で、自分に何が期待されているか？」「この仕事を通じて自分がどんな知識やスキルを身につけることができるのか？」すなわち将来をイメージしやすくなります。

　なお、スキル要件は業務内容の変化や組織の成長（および個人の成長）に応じて変化します。できれば最低年に1回、見直してアップデート（更新）しましょう。

(4) エスカレーションルールとフロー

「お客さんからクレームを受けた場合、どこまでお店のスタッフがその場で対応してしまっていいか？」
「役所（を名乗る人）から会員情報の開示を求められた。勝手に答えてしまっていいの？」
「Web サイトの管理画面にログインできなくなった。だれに問い合わせたらいい？」

　そのような判断や助言を上位者や専門家に請う行為を「エスカレーション」といいます。シーン別のエスカレーションルール、エスカレーション先

をできる限り想定して決めておきましょう。

　抜け漏れ少なく検討するのであれば、業務フローを描く際（1-1節の（4）「やることの詳細を定義する」を参照）、エスカレーションルールとエスカレーション先を記述します。それができない場合、基本ルールを箇条書きにしてフロアに貼っておくだけでも、メンバーの迅速な判断と適切な行動を促すことができます。

　エスカレーションを必要とするパターンは、日々の業務の中で新たに発生します。

1. 必要に応じて、新たなエスカレーションルールを決める
2. エスカレーションが多すぎてエスカレーション先（例：マネージャー）がパンクする場合、現場のスタッフで判断できるよう業務を再設計する

　このように、業務を"生き物"として捉え、アップデートするようにしましょう。1. 2. を回す仕組みづくりについては、第4章でくわしく説明します。

1-7

業務提供に必要な
リソースを調達する
リソース計画

　ハンバーガーショップを運営するために必要なタスクと組織、人の要件は定義できた。採用活動も開始できている。しかし、人だけそろえても業務は運営できません。業務提供に必要なリソース（資源）を特定し、計画的に調達する必要があります。

(1) 調達すべき5つのリソース

　リソースは、大きく5つ。ヒト、モノ、カネ、情報、場です。

1. ヒト

　価値ある業務を提供し続けるために必要な人的リソース。1-6節「だれがどのように業務を回すか？」で定義したジョブディスクリプションおよび／またはスキル要件をもとに、ヒトの採用と配置、育成を計画します。

2. モノ

　業務の運用に必要な、機械、情報システム、器具などの物品。システムを利用するためのライセンス、キャラクターを利用するための権利、空間を利用するための権利など、見えない「モノ」も含まれます。

3. カネ

　ヒト、モノ、カネ、情報、場の調達およびマネジメントに必要な予算。

4. 情報

　顧客情報、組織の戦略情報、業務のノウハウや知識、売上のデータ、在庫データ、従業員の評価情報、競合他社の情報、業界動向など、情報／データも大事なリソースです。

5. 場

　マネージャー同士、メンバー同士が知識を交換する場。学習する場。顧客や利用者の意見を聞く場。近年、組織のマネジメントにおいて「場」の重要性が高まっています。
「場」には、アナログ（対面での打ち合わせなど）とデジタル（チャットツールなど）の大きく2つのタイプがあります。業務の特性やメンバーのマインドに応じて使い分けましょう。くわしい方法と事例は、第5章と第6章で解説します。

(2) Make or Buy 〜内製か外注か

　これら5つのリソースを、すべて自前でそろえるのがいいとは限りません。

　専門家にお願いする。
　外の知見を取り入れる。
　外部の講演会や勉強会に参加する。
　銀行や投資家から資金調達する。

　いわば「外注」「外部調達」も積極的に活用しましょう。

「外注」「外部調達」も視野に

(3) リソースマネジメントをする

　リソースは、「いったん調達したら、ハイおしまい！」ではありません。

「お客さんが増えて、スタッフの数が足りない」
「会員数が増えた、そろそろ会員用のWebサイトを増強しないと耐えられそうにない」
「競合店が近所に進出するらしい。当店が新たな付加価値を出すための戦略を考えたいが、その情報が欲しい」
「若手をターゲットにしたサービスを企画したい。若手の声を知りたい」

　このように、リソースへの要求は常に変化します。

　リソースが足りなくなる／余るのをどうウォッチして、アラートをいつどのようにあげたらいいか？
　だれが、どのようにリソースを調達するか？

　リソースの過不足を把握し、適切に配備できるよう設計しておく必要があります。これを「リソースマネジメント」といいます。リソースマネジメントの詳細は、第2章で解説します。

1-8 業務に必要な
ドキュメントをそろえる
文書管理

(1) 人や環境が変わってもプロセスやルールが継続されるようにする

　ハンバーガーショップの運営に必要なリソースは特定できた。調達も進んでいる。これで運営はバッチリ！　……とはいえません。どんなに素晴らしい組織を立ち上げても、プロセスやルールを決めても、それが明文化されていなければ、組織内に定着させることも難しければ、継続的に価値を出し続けることもできません。

・初期メンバーは全員仕事のやり方やルールを熟知したものの、異動や退職の際に後任に引き継がれなかった。
・新しい人に周知されていない。
・「口伝」でしか引き継ぎがされない（その結果、抜け漏れ、勘違い、言った言わないのトラブルが絶えない）。

　そのような話はめずらしくありません。人や環境が変わってもプロセスやルールが継続されるようにしましょう。

(2) 作成しておきたい10種のドキュメント

　作成しておきたいドキュメントは、以下の10種類です。

1. 業務標準書／定義書
2. スキルマップ
3. 運用項目一覧
4. 運用スケジュール表
5. 業務フロー／マニュアル／手順書
6. 作業チェックリスト
7. 管理台帳
8. 帳票
9. 運用報告書
10. 各種証跡

1. 業務標準書／定義書

対象となる運用業務全体、または各業務個別の目的や概要を定義した標準書。記載したい項目の例を示します。

・目的
・体制
・責任（顧客の責任、オーナーの責任、運用責任者の責任、運用メンバーの責任など）

2. スキルマップ

マネージャーやスタッフ、それぞれの役割に求めるスキルや知識や経験を定義したもの（1-6節を参照）。

3. 運用項目一覧

各業務、タスクの一覧表（業務一覧）。1-1節で定義した運用項目を一覧化したものと考えてください。

4. 運用スケジュール表

　向こう1年間程度（業務の特性に応じて長短の判断は必要）の、運用カレンダー。以下の3つをカレンダーにプロットして、メンバーと共有できるようにしておきたいです。

① いつ、どのようなタスクが発生するか？（3. 運用項目一覧に挙げたタスクのうち、実施するタイミングを意識づけしておきたいもの）
② いつ、どのようなイベントやトレンドが発生するか？（メンテナンスによるシステム停止、地域の運動会による客足の増加予測、年度末による業務集中など）
③ メンバーの休暇の予定

5. 業務フロー／マニュアル／手順書

　各タスクや作業のフロー、マニュアル、手順書。3. 運用項目一覧で定義されたタスクごとに、作成必要／不要、更新の要否を判断すると、抜け漏れを防ぎやすいです。

　ただし、何でもかんでもマニュアル化すればいいわけではありません。すべての業務をマニュアル化するには、時間も労力もかかります。マニュアルを作るための、言語化スキルも求められます。また、マニュアルはアップデート（更新）しなければなりません。5年に1度しか発生しないようなレアな業務対応までマニュアル化するかどうか？　費用対効果も気になるところ。観点や勘所など、マニュアル化しにくいエッセンスもあるでしょう。

　なんでもかんでもマニュアル化しようとするのではなく、日々の業務の中で得た観点、勘所、気づきなどを記録して共有する、ナレッジマネジメント（第5章を参照）をおこないつつ、業務ノウハウや要件を知識化していきましょう。マニュアルは1手段にすぎません。

6. 作業チェックリスト

　在庫の棚卸し、会員情報の更新作業など、作業のやり漏れやオペレーショ

ンミスを予防するツール。実施を完了した作業に対し、当該作業のチェック欄に完了した旨（"レ"など）を記入します。実施者名や日時を記入する場合も。

ただし、チェックリストの氾濫は業務効率を下げるため、チェック対象となる作業自体の削減や自動化も検討したいところ。

7. 管理台帳

以下のような、業務管理に必要な台帳。情報システムで代替する場合もあります。

・固定資産管理台帳
・インシデント管理簿（第4章を参照）
・在庫管理簿
・ソフトウェアライセンスの配布状況と有効期限を管理する台帳
・倉庫や秘匿性の高い書類を扱う居室への入退室記録簿
・出退勤簿

8. 帳票

作業指示書、発注書、請求書、申請書など。以下の2種類が考えられます。

- 運用組織内部で利用するもの
- お客さんや取引先など外部の人とやりとりするもの

あらかめフォーマットを決めておくと、作成／検索／管理の手間が省けます。情報システムで代替する場合もあります。

9. 運用報告書

サービスレベル遵守状況（1-11節を参照）、業務量、労働時間、メンバーの休暇取得状況、在庫状況、需要予測、インシデント発生状況および解決状況（第4章を参照）など、業務が問題なく／価値高く回っているかどうかを、内部管理および関係者に報告するためのドキュメント。何を測定して、何を報告するかは、業務や組織の特性や問題意識によります（詳細は第2章で解説します）。

10. 各種証跡

ISO監査、SOX法などの会計監査、Pマーク（プライバシーマーク）監査、情報セキュリティ監査、品質管理など各種監査や認証取得／維持のために記録および提出が必要な証跡や書類。

あなたの業務において、何をどこまで細かく作成すればいいか、作成／更新の抜け漏れがないか？　今一度、運用項目一覧と照らし合わせて確認してみてください。

1-9 いつ、だれが、どんな行動をしたかを捕捉できるようにする
ログ管理／データ管理

「だれが、いつ食材を出し入れしたか、わかるようにしておきたいな」
「どの会員さんが、いつ会員サイトのどのコンテンツにアクセスしたか知りたい」

　ハンバーガーショップの店長として、あなたはこんな悩みに直面しました。お店を運営するうえで、どんなデータを取っておけばいいのでしょうか？

(1) ログとは行動の足跡

　情報システムやネットワークの稼働状況や利用状況、操作履歴（およびその証跡やデータ）を「ログ」といいます。いわば、だれかの行動の足跡です。ここでは広義にとらえ、たとえば居室の物理的な入退出状況、従業員の出勤時間や退勤時間など、情報システム以外の行動の足跡もログと考えてみることにしましょう。

(2) ログを取得する目的

　ログを取得して管理する目的は4つです。

1. 業務管理 "業務を回すために"

　従業員の出勤時間と退勤時間、在庫の払い出し状況など、業務を管理するため。

2. 規制対応 "義務的に"

　内部統制や監査対応など、規制やコンプライアンス対応のため。ログの取得および保管が義務づけられます。

3. 事後調査／不正予防 "万が一に備えて"

　システムトラブルなどの障がい、情報漏えいなどの不正または事故が発生した後の調査目的、あるいは不正行為を発生させないようにするため。

4. 価値向上 "よりよくするために"

　Web サイトへのアクセス数、お客さんの店舗への来店時間と滞在時間など、マーケティング施策の効果検証やさらなる価値向上の施策検討のため。

　あなたのいまの業務の現状を勘案し、どのログを取得する必要があるのか判断しましょう。

ログ取得の目的

ログ取得の目的の種類	説明	
①業務管理	従業員の出勤時間と退勤時間、在庫の払い出し状況など、業務の管理をするために取得するログ	"業務を回すために"
②規制対応	内部統制や監査対応など、規制やコンプライアンス対応のために取得および保管が義務づけられるログ	"義務的に"
③事後調査／不正予防	システムトラブルなどの障がい、情報漏えいなどの不正または事故が発生した後の調査目的で取得するログ	"万が一に備えて"
④価値向上	Webサイトへのアクセス数、お客さんの店舗への来店時間と滞在時間など、マーケティング施策の効果検証やさらなる価値向上の施策を検討するためのログ	"よりよくするために"

(3) ログの種類

おもなログの種類は以下のとおりです。

1. 操作ログ

情報システム上などでの利用者の行動（いつ、だれが、どの画面にアクセスして、どんな行動をとったかなど）を捕捉するログ。

2. 入退出ログ

ビルの入退館や、出勤退勤など人の物理的な出入りを捕捉するログ。

3. アクセスログ

　いつ、だれが、その情報システムやWebサイトにアクセスしたかを記録するログ。

4. 持ち出しログ

　特定のデータや書類を、特定の区画（情報システム上の空間、あるいは個人情報取り扱い執務室などの物理的な空間）から、だれが、いつ持ち出したかを記録するログ。

5. 印刷ログ

　いつ、だれが、何を、どのプリンターで、何枚印刷したかを記録するログ。

6. 認証ログ

　いつ、だれが情報システムにログインしたか、あるいはしようとしたかを捉えるログ。
　不正アクセスの可能性を捉えるため、ログインを試みてエラーを起こした回数（エラー回数）を取得することもあります。

7. 通信ログ

　情報システム特有のログ。いつ、だれが、だれと、どのような通信をおこなったかを記録するものです。

8. エラーログ

　情報システム特有のログ。情報システムのアプリケーションや機器などが発したエラーを記録するログ。システム障がいの原因分析などに用います。

9. イベントログ

情報システム特有のログ。（おもに Windows 上で）システムがどのような挙動をしたかを捉えるものです。

(4) ログの取得方法

ログの代表的な取得方法を説明します。

1. システムのログを取得する

情報システムが自動で取得するログデータやログファイルを活用する、あるいはログを取得するためのアプリケーションを活用する方法です。

ビルの入退館記録であれば、入退室管理設備から入退館ログを取得する方法もあります。システムが正しく動作している限り、確実にログを取得できます。

2. 管理簿をつける

以下のように、紙の管理簿などに行動の記録を残す方法です。

・保管庫への鍵の貸し出し記録
・書類の持ち出し記録

3. 画面や動画を撮影する

以下のような方法です。

・アプリケーションを使って個人の PC 端末の画面を記録する（数秒おきに静止画を自動撮影して保存するものもあります）
・監視カメラで人の動きを物理的に撮影して記録する

重要度や利用頻度、費用対効果、およびログを取得されることによる対象者（従業員など）の心理的な負担なども勘案して、適切な方法を選択してください。
　また、例外時の代替運用を講じておく必要もあります。たとえば、次のようなケース／期間は、管理簿をつける運用でログを残すなどの対策が求められます。

・通常はシステムでログを取得しているケースで、例外的にシステムを使わない業務フローを用いる場合
・ビルの停電による設備の停止で、システムや監視カメラでログを把握できない場合

(5) ログの保管方法と期間

ログの取得方法とあわせて、保管方法と期間を決めます。

1. 保管方法

以下の方法があります。

・サーバー上の任意のフォルダに保管
・メディア（ディスクやテープ）に記録して保管
・紙に記録／印刷して任意のキャビネットや書庫、外部倉庫などに保管

　いずれのケースも、改ざん／紛失／盗難／媒体の劣化による消失などのリスクと対策を考慮しましょう。

2. 保管期間

　どのくらいの期間、ログを保管したいか、あるいは保管する義務があるか？

各種監査対応や内部統制のログの場合、保管方法や期間が法律や組織の内規で定められている場合もあります。あらかじめ担当者に確認してください。

(6) アクセシビリティ

　監査対応のログなど求められた時に提出できるようにしておけばいいログ、不正行為防止のための監視カメラの録画データのように万一の時に備えてとりあえず記録しているログもあれば、Webサイトのアクセス履歴など業務で高頻度に参照／活用したいログもあります。取得目的によって、ログの取り出しやすさ、参照しやすさも十分考慮したいところ。参照のしやすさを「アクセシビリティ」といいます。

(7) ログは後からは取得できない

　ログは後からは取得できません。意図を持って、取得対象と取得する方法をあらかじめ決めて仕掛けておかなければ後の祭り。よって、運用開始前の設計が肝なのです。
　特に、情報システムでログを捉える場合、後から取得する対象項目を追加するのは改修の手間も大きく、コストがかかる場合もあります。何事もはじめが肝心。なるべくはじめに想定しましょう。
　また、監査や内部統制に対応する場合、「不正な行動がないこと」「あらかじめ定義した業務フローから逸脱した、例外処理をおこなっていないこと」などゼロの証明が求められることもあります。ゼロの証明は大変手間がかかりますし、ときに「仕事のための仕事」を増やして現場の生産性やモチベーションを下げます（監査するほうも楽しくないでしょう）。「余計な仕事を増やさないためのログ取得」という視点も持っておきたいです。

1-10 だれに、どの情報や設備へのアクセスを許すかを決める
アクセス管理

「ログを取得する必要性はわかった。しかし、そもそもすべての居室に全員が出入りできていいのか？　会員の個人情報など、すべてのスタッフにアクセスさせていいものか？　なにか事故が起こってからでは遅い……」

別の不安があなたの頭をよぎります。
だれが、どの情報や設備にアクセスしていいか？　どこまでの権限を与えるか？　職位や業務に求められる役割に応じて、適切に付与あるいは剥奪する必要があります。

(1) 役割および権限の定義

守るべき対象（情報や設備など）を特定したら、役割および権限を定義しましょう。

> **例**
> ・会員情報登録管理者
> ⇒会員から申請された個人情報を会員情報データベースに登録／変更／削除／閲覧／出力する権限がある
>
> ・会員情報閲覧者
> ⇒会員情報データベースに登録された会員情報データベースを閲覧する権限のみある（登録／変更／削除／出力はできない）

次に、その役割および権限をだれに付与するのかを定義します。

> 例

・会員情報登録管理者
⇒店長、運営企画管理マネージャー、フロアマネージャー

・会員情報閲覧者
⇒フロアスタッフ（パートスタッフを含む）

　職位（管理職、社員）のみならず、業務上の役割も勘案したうえで権限を設定します。

(2)情報取り扱い区分定義

　機密情報を扱う場合など、対象となる情報ごとの情報取り扱い区分と運用ルールを決めます。

> 例

・厳秘　→　本人以外の公開不可、印刷不可
・秘密（管理職限り）　→　管理職以外への公開不可
・秘密（社員限り）　→　社員以外への公開不可
・部内秘　→　部門外の者への公開不可（部門内であれば、派遣社員や協力会社スタッフへの共有は可能）
・公開　→　外部公開可能

　情報取り扱い区分は、資料の表紙や電子データ上に表記するなど、適切に扱われるようルールを決めて運用します。

(3) 区画定義

　オフィス、店舗、工場などに機密情報を扱う居室や、危険物を取り扱う作業場所がある場合など、物理的に出入りできる権限を定める場合もあります。以下は、オフィスのフロアの区画定義の事例です。

フロアを３つの区画（エリア）に分類

① パブリックエリア　→　だれでも出入り可能
② 執務エリア　→　社員と出入りを許可された人（派遣社員、協力会社スタッフなど）のみ出入り可能
③ サーバールーム　→　システム管理者に指定された人のみ出入り可能

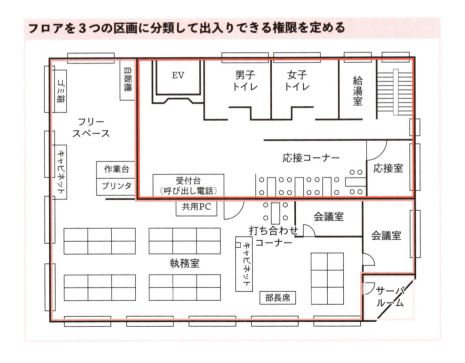

フロアを３つの区画に分類して出入りできる権限を定める

入室者へのストラップの着用義務づけ

　許可されていない区画への立ち入りを防止する（あるいは監視カメラの録画に映像などで、後から不正入室を追跡できるようにする）目的で、メンバーが首から提げるストラップの色やエプロンなどで視覚的に権限がわかるようにするケースもあります。

ストラップの色による権限識別の例
① オレンジ　→　執務エリア勤務者
② 赤　→　一時入室者（他部門の社員、フロア清掃員、非常駐の協力会社スタッフなど）に貸与
③ 黄　→　一時入室者（来客）に貸与
④ 緑　→　サーバールームへの入室を許可されたシステム管理者

(4) アクセス権限の付与と剥奪

　ルールを決めただけでは意味がありません。アクセス権限の付与／剥奪、ストラップなどの貸与／回収が確実におこなわれるよう、役割と業務フローを定義する必要があります。

役割

　申請者、承認者、および権限を付与された人の役割と責任を定義します。（不正防止の観点から、申請者と承認者は別人であることが望ましい）

業務フロー

　申請、承認のフロー、権限の付与と剥奪実行フローを定義します。

　アクセス権限の付与と剥奪も、タスクとして定義し、「運用項目一覧」（1-8節を参照）に追記しましょう。

(5) 権限の棚卸し

　アクセス権限は、不要となったタイミング（担当者の役割の変更／異動／退職など）で可及的速やかに剥奪するのが原則です。しかしながら、当事者が申請し忘れたり、あるいは何らかの事情で権限が残ったままになる可能性も否めません。定期的（四半期に1回、半年に1回、年に1回など）に権限の棚卸しを実施し、実施結果を記録して保管しましょう。

　棚卸しもタスクとして定義し「運用項目一覧」に追記するとともに、「運用スケジュール表」（1-8節を参照）にプロットし、確実に実行されるようにしましょう。

各業務項目の
提供レベルを定義する
サービスレベル設計

　ハンバーガーショップは、品質と価格とスピードが命。どんなにおいしい製品でも、高すぎたり、お客さんから注文を受けてから提供するまでのスピードが遅かったら、ファーストフード店として失格でしょう。

「オーダーを受けてから3分以内に提供する」

　お客さんに約束するかどうかはさておき、少なくともスタッフ内部での目標提供時間は設定しておきたい……。
　業務やサービスの品質、スピード、および前提条件を上位者やお客さん（あるいは外部の協力者）と、または運用組織内部で定めた水準（レベル）を「サービスレベル」といいます。業務のやりすぎ／やらなさすぎを組織で客観的に判断し、より価値の高い業務を提供できるようにするために、サービスレベルを設計して運用しましょう。

(1) サービスレベルの種類

　サービスレベルには、大きく次の2種類があります。

・何が何でも達成しなければならない「必達型」
・努力目標としての「ベストエフォート型」

　必達型のサービスレベルを、外部のサービス提供者側（たとえば情報シス

テムを提供するベンダー）に課す場合、当然そのコストは高くなります（システムの冗長化、対応スタッフの常時スタンバイなどが求められるため）。

　必達型のサービスレベルを設定した場合、守れなかったときのペナルティ（罰則規定）を設ける場合があります。日本で宅配ピザが始まった当初、「30分以内にデリバリーできなければ無料」なるサービスがありました。これは「必達型。ペナルティあり」のサービスレベルと捉えることができます。

　また、サービスレベルを提示する対象によって、以下の2つに分類されます。

・外部サービスレベル
　→お客さんなど、当該業務やサービスの提供を受ける人に約束するもの

・内部サービスレベル
　→運用組織内部の努力目標または必達目標

　品質、スピードなど、お客さんにサービスレベルを約束することで業務やサービスの差別化を図りたい場合は、外部サービスレベルを設定して宣言するといいでしょう。サービスレベルが達成できていることが、その業務やサービスの外からの評価につながります。

　一方、社内業務など、あくまで内部の決まりごととして業務品質の向上や改善を図りたい場合は、内部サービスレベルのみを設定します。

　顧客と運用組織（あるいは外部のサービス提供者）間で締結する、サービスレベルに関する合意文書を、SLA（サービスレベルアグリーメント）といいます。

(2) サービスレベルの設定および運用方法

　すべての業務やサービスにサービスレベルを設定する必要はありません。以下の流れで、必要なものに、必要なサービスレベルを設定して運用しましょう。

1. サービスレベル設定の要否を判断する

運用項目一覧（1-8節を参照）を広げ、どの項目にサービスレベルを設定するかを決めます。

> サービスレベルの設定が望ましい業務の例

- 人により業務の品質やスピードにバラツキがある業務
- お客さんや上位者に価値を訴求したい重点業務

2. サービスレベルを設定する

サービスレベルを明文化する際は、おもに次の3つの要素を含めます。

①品質（目標とする品質）
> 例
- オペレーションミスによる手戻り：月○件以内／月○％以下
- 新規提案をおこなう：月○件以上

②スピード
> 例
- 注文を受けてから5分以内に商品を提供
- システム障がいの発生を検知してから、30分以内に駆けつけ対応
- 問い合わせを受けてから、1時間以内に一次回答完了

③運用時間
> 例
- 平日の9時〜17時に受付

3. 前提条件を設定する

サービスレベルを達成するための諸条件を設定します。

①他者の役割

お客さんや外部協力者の役割や責任を明記します。

> **例**
> 所定のフォーマットに記入して申請することとする。

②処置限界の設定

上限の業務量、上限の利用者数など、そのサービスレベルを達成できる限界値（処置限界）を設定する場合があります。

> **例**
> 申請処理の処置限界値：200件／1日

③その他免責事項

システムの故障、交通機関のトラブル、停電、関係者の協力が得られないケースなど、サービスレベルを遵守できない免責事項を明記します。

4. サービスレベルの測定方法を決める

サービスレベルを決めたら、測定方法を定義します。以下のように、さまざまな測定方法が考えられます。

・システムで全件計測する
・手で全件計測して記録する
・一部を計測して（サンプリング）、全体をみなしで推定する

業務負荷やコストなどを勘案して、現実的な方法で測定しましょう。

5. 測定〜ふりかえり

測定結果は、定期的（あらかじめ決めておく）に集計して、報告ないし運用者内部でふりかえります。

何らかの基準を定めないと、メンバーは「どこまでがんばればいいのか？」と目標が定まらない状態になります。適切な指導や育成もしにくい状態に。メンバー同士、その業務の何が問題で、何が問題でないかの目線も合いません。すなわち、組織の問題が正しく問題化しないリスクが高まります。また、お客さんや上長に対して、あなたの業務の価値や成長を示しにくくなります。サービスレベルの運用は、あなたの業務の健康診断であり、価値向上のためのツールととらえてください。

万が一に備える
BCP検討

「このハンバーガーショップ、台風や地震の時も営業すべきかしら？　仮に営業するとしても、すべての商品を通常どおり提供するのは難しいと思うけれど……」

大規模災害・テロ・パンデミックなど、通常レベルでの業務（サービス）を提供できない場合を想定し、サービス復旧および継続レベルと方法を定義しましょう。その計画のことを、BCP（Business Continuity Plan）といいます。

(1) BCP検討のポイント

BCP検討のポイントは、次の3つです。

1. 全社や部署のBCPなど、上位方針に沿って設定要否を決める
2. 「やらない」と決めたことは、やらない
3. 訓練を計画して実施する

すべての業務にBCPが必要とは限りません。「本当にBCPを講じる必要がある業務かどうか？」を見極めたうえで設定しましょう。

また、全業務を通常どおり実施できる状況は考えにくいです。業務ごとに、通常時に対してどの程度のレベルで提供するのかを定義します。

(2) 代替運用のサービスレベルと体制

　BCP発動時の、代替運用のフローとサービスレベルおよび体制を決めます。

　BCP（のみならず、システム障がいなど通常時における大規模トラブル発生時）の対策を考えるうえで、参考になるフレームワークがあります。ホットスタンバイ／ウォームスタンバイ／コールドスタンバイです。この3つは、情報システムのバックアップ体制を検討する際に使われる考え方です。

1. ホットスタンバイ

　瞬時に予備のサーバーに切り替えられる体制。本番サーバーと予備サーバーでOSやアプリケーションなどの環境が同一。データも同期されている状態。システムを運用するスタッフも、基本的に本番サーバーと同様にスタンバイされている状態。その分、コストは高い。

2. ウォームスタンバイ

　切り替えのための操作、アプリケーションの起動や設定など、ホットスタンバイに比べて稼動まで時間がかかる状態。システムを運用するスタッフは駆け付けで対応するケースもある。

3. コールドスタンバイ

　予備サーバーや資材は用意されているものの、設定などがされていない状態。運用するスタッフが駆けつけて、イチから予備サーバーをセットアップする。コストは少なくてすむものの、復旧に日単位の時間がかかることも。

　当該業務の重要性、優先度、予算の状況などに応じて、レベルを決めましょう。

(3) 訓練の計画と実施

　どんなに立派なBCPを作成しても、いざというときに機能しなければ、絵に描いた餅です。職場や学校の定期避難訓練よろしく、復旧訓練を計画し、実施し、ふりかえりをしましょう。BCP訓練もまた「運用項目一覧」に追記するとともに、「運用スケジュール表」（1-8節を参照）にプロットすると、やり忘れがなくていいでしょう。

　以上、12項目に渡って、業務の設計に必要なポイントを説明しました。これらすべてを、あなた1人（あるいはあなたの組織）でカバーするのは現実的ではないかもしれません。

「この部分は、ITのプロに考えてもらう」
「ここは、法務部門や監査部門といっしょに悩む」

　など、必要に応じて専門家の力を借りながら役割分担し、いい業務を設計しましょう。
　大事なのは、「あなたができるかどうか」ではなく、「観点の抜け漏れがない」こと。その目で、もう一度これらの項目を眺め直してみてください。

業務のおはよう からおやすみ までを想定する

ライフサイクルマネジメント

この章で学習すること

1. 「何に」対する変化が起こりうるのかを把握する　〜5つの対象
2. 「どんな」変化が起こりうるのかを把握する　〜5つのライフイベント
3. その業務が問題なく回っているか、変化を察知する　〜モニタリング（監視設計）
4. 今後の業務規模拡大／縮小などの変化を見すえる　〜スケーラビリティ（拡張）設計
5. 変化にスムーズに対応する　〜変更対応
6. 臨時運用や新旧業務の併行運用を検討する　〜暫定運用／トランジション運用設計

「導入した調理器具や機械がもし故障したら？
メンテナンスはしなくてもいい？」
「会員が解約したいと言ってきた。
どのような手続きで、どうやって解約すればいい？」
「デリバリーサービス、来月から終わりにしたいけれど、どうしよう？」
「売上管理システム。消費税率が変わっても使い続けられるのかしら？」

業務は生き物です。最初は想定していなかった、イレギュラーな
業務パターンや例外ケースが発生することもあるでしょう。
老朽化により新しい機材やシステムにリプレースしたり、
業務そのものを終了する必要も出てくるでしょう。
しかし、その機材やシステムや業務が
変化を想定しない作りになっているとどうなるか？

「変更できない！」「やめられない！」

その結果……

「運用でカバーしろ！」「気合と根性でナントカするんだ！」

そんな悲しい結末になり、現場を無駄に疲弊させることになります。
お客さんやお取引先に不便を強いることになります。
無駄なコストもかかります。
業務を作るとき、あるいは運営し続けるとき、私たちはできる限り
未来の変化を見すえ、対応できるようデザインする必要があります。
いわば、業務の「おはようから、おやすみまで」を想定する。
その一連の取り組みを「ライフサイクルマネジメント」といいます。
第2章では、ライフサイクルマネジメントの観点および変化に
スムーズに対応するためのマネジメント方法を学習します。

2-1 「何に」対する変化が起こりうるのかを把握する
5つの対象

変化が発生するのは、業務やサービスだけとは限りません。次の5つに対する変化を想定しましょう。

(1) 業務／サービス
(2) システム
(3) データ
(4) 機器／資材／材料
(5) 組織／権限

(1) 業務／サービス

設計した業務やサービスそのものに、変化が起こる可能性はないか？
第1章で書き出した運用項目一覧やサービス一覧、および（または）業務フローを眺め、考えてみましょう。

業務の例
・フロア業務
・キッチン業務
・管理業務
　└ 会員登録管理業務
　└ 資材調達業務

L 採用業務
　　L………

> サービスの例

・テイクアウトサービス
・デリバリーサービス
・バースデー割引サービス
・学生半額サービス

(2) システム

　業務の運営およびサービス提供に使う情報システムにも、変化が起こる可能性があります。

> システムの例

・ハードウェア／デバイス
（POSレジ、バーコードリーダー、iPad、Wi-Fiルーターなど）

・ソフトウェア／アプリケーション
（在庫管理システム、会計システム、勤務管理システム、Microsoft ExcelやWord、Windows／MacなどのオペレーティングシステムなBG）

・クラウドサービス
（会員管理に使用しているインターネットサービス、メールサービス、通信ネットワークサービスなど）

(3) データ

　どんな業務も、情報やデータなしには成り立ちません。扱うデータを特定し、変化を想定する必要がないか考えます。

> データの例

- 会員情報
- 従業員情報
- 価格情報
- 在庫情報
- 発注データ
- トランザクションデータ（いつ、だれが、だれに、何を、いくらで販売したかなど、取引の状況がわかるデータ）
- 各種マスターデータ（取引先マスター、商品マスター、店舗マスターなど）
- システムの操作ログデータ
- 日報／週報

(4) 機器／資材／材料

業務の運営およびサービス提供に使う機器、資材、原材料も、変化を想定しておきたい対象です。

> 機器の例

- 調理器具
- 厨房機器
- 清掃用具

> 資材の例

- メニュー表の用紙
- チラシ
- POP
- クーポン券
- 包装紙やトレイ
- 食器
- トイレットペーパー

> **材料の例**

・食材
・ドリンクの原液
・スパイス

(5) 組織／権限

　組織の変化も想定する必要があります。運営組織の増大、管理組織の統廃合、支店や店舗の拡大／縮小や増減、取引先が変わるリスクなどです。また、組織運営および業務遂行に必要な各種権限の変化も想定しましょう。

> **組織の例**

・業務運営組織
・システム運用組織
・支店
・店舗
・業務委託先、仕入れ先

> **権限の例**

・決裁権
・システムの利用権限
・システムの管理者権限（アドミン権限、スーパーバイザー権限など）
・危険物取り扱いエリア、機密秘匿情報取り扱い居室など特殊区画の入退出権限

2-2 「どんな」変化が起こりうるのかを把握する
5つのライフイベント

　これら5つの対象に対して、どんな変化が発生しうるか？　誕生から消滅まで＝「おはようから、おやすみまで」の5つのライフイベントの視点で想定します。

（1）新規
（2）利用
（3）変更
（4）停止
（5）廃止

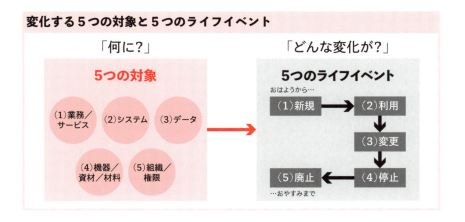

変化する5つの対象と5つのライフイベント

話をわかりやすくするために、ハンバーガーショップ運営の事例をベースに、以下の3つの対象に対してどんなライフイベントが発生するか、いっしょに考えてみましょう。

その1　業務／サービス

ハンバーガーショップの店長のあなた。オーナーから次のような指示を受けました。

「季節限定でいいから、そろそろ新商品を出そうよ。そうだな、『牛丼バーガー』なんてどう？　僕、牛丼大好きなんだよねぇ」

その2　データ

あなたのお店は、顧客のロイヤリティ向上とリピーター獲得を目的とし、会員サービスを展開することになりました。会員は会員証の提示と引き換えに、ポイントサービスやさまざまな割引や特典を受けられます。会員登録希望者から、申し込み時に住所、氏名、生年月日、メールアドレス、電話番号などの個人情報を受け取ります。

その3　機器／資材／材料

せっかくなら、デザートメニューも充実させたいあなた。ソフトクリームも販売することになりました。そのためには、業務用のソフトクリーム製造機を配備する必要があります。

(1) 新規

文字どおり、なにかを新たに始める時に必要な行動や準備を想定します。

> 例
- ・新たに業務が発生する
- ・新たな商品やサービスを提供する
- ・新たに会員データを取得する
- ・新規取引先データをシステムに登録する
- ・当該システムをメンテナンスできる運用担当者にアドミン権限を付与する

その1　牛丼バーガーの場合

「牛丼バーガーを開発して提供を開始するために、どんな準備行動と機材／資材が必要だろうか？」

- ・試作、試食、原材料の仕入先の決定
- ・調理器具の準備
- ・販売価格の設定
- ・製造／販売マニュアルの作成
- ・キッチンスタッフへのトレーニング
- ・プロモーション資材（チラシ、POP、Webサイト）の準備
- ・販促キャンペーンの企画と実施
- ・メニュー表の改訂
- ・POSデータやシステムへのマスター登録
- ・テイクアウト用の器の調達と配備
  - など

その2　会員データの場合

「会員サービスを展開するうえで、会員登録希望者からどんな情報を収集すればいいだろう？　どこにどうやって保管しよう？　会員証の発行と受け渡しの方法は？」

- ・会員に提供を要求するデータの項目
- ・申し込み方法
  - →口頭受付／用紙に記入／Webに記入
- ・個人情報取り扱いの同意書の要否

- 会員証の受け渡し方法
    → 即時店頭で手渡し／後日郵送／仮会員証を即時発行して後日郵送／スマートフォンのアプリのみ／ID番号のみその場で発行して連絡、会員証は発行しない
- 会員情報の管理方法
    → PC上のExcel／データベース／クラウドサービス／紙の管理簿
    など

その3　ソフトクリーム製造機の場合

「どのメーカーの、どの機器を、何台調達しよう？」
「そもそもお店に設置できるのか？」
「スタッフへの操作説明も考慮しなければならないな……」

- 機器の選定
- 台数の決定
- 設置工事や設置環境の制約条件
    → 設置工事にかかる日数
    → 設置場所の広さや床の耐荷重
    → 湿気や通気
    → 必要な電力や電圧
    → 静電気
    → 振動
    → 騒音
    → 搬入経路や扉の間口の広さや高さ
    → 設置時に発生する廃棄物の処理
    など
- 操作しやすさ／スタッフへのトレーニングのしやすさ（トレーニングマニュアルや教育プログラムの有無）
    など

　このようなことを想定せず、いきあたりばったりで始めてしまうと、後々痛い目を見ることになります。

(2) 利用

　その対象物が、本番運用を開始した後、どのように利用されるのか？
　実利用シーンを想定して、過不足がないか検証します。お客さんの視点、運用者の視点、管理者の視点。さまざまな視点で眺め、「無理」「無駄」「過不足」がないか考えてみましょう。
　ひとことで「利用」といっても、考えうる利用シーンは対象とするものや業務／サービスの種類によってさまざまです。ここでは、8つの代表的な利用シーンをもとに想定してみましょう（対象物の特性によって当てはまらない項目もありますが、網羅性を考慮してここではすべてを列挙します）。

おもな利用シーン
1. 操作
2. 閲覧／照会
3. 出力
4. 複製／回覧
5. 提示／提出
6. 保管／記憶
7. 説明
8. メンテナンス

1. 操作

　対象物を、運用者が提供する／利用者が操作および利用するうえで、どのようなシーンを想定できるでしょうか。

その1　牛丼バーガーの場合

運用者
・オーダーを受ける
・調理する

- トレイに載せて提供する
- テイクアウト用のケースに入れて提供する

`お客さん`
- オーダーする
- 待つ
- 受けとる
- トレイに載せて、席に運搬する
- テイクアウト用のケースで持ち帰る
- 食べる
- ゴミを捨てる

`チェックポイント`
- 商品名は言いやすく、聞き取りやすいネーミングか？
- 調理のしやすさは？
- 運びやすさは？
- テイクアウト時の振動を考慮しているか？
- 食べやすさは？
- 食べるとき／片づけるときに手がベトベトにならないか？

その2　会員データの場合

　この操作の例は、このあとの2.、3.、4.、5. で解説します。

その3　ソフトクリーム製造機の場合

`運用者・管理者`
- 原材料を補充する
- 充電する（機種による）
- ソフトクリームを作る
- 掃除する

`チェックポイント`
- 材料の補充がしやすいか？

・充電に必要な時間と1回充電あたりのバッテリーの持続時間は？
・ソフトクリームを作りやすいか？
・掃除のしやすさは？

2. 閲覧／照会

対象物の管理に関わるデータや情報の、閲覧や照会のしやすさも考慮する必要があります。

その1　牛丼バーガーの場合

運用者・管理者
・消費期限が過ぎた食材をはじいて廃棄する

チェックポイント
・消費期限が見落としやすい位置に表示されていないか？

その2　会員データの場合

運用者
・会員から会員番号や氏名を聞く
・累積ポイント数を伝達する
・お得なキャンペーンを紹介する

お客さん
・会員番号を確認する
・会員番号をお店のレジ担当者に伝える
・会員専用のWebサイトで会員番号を入力する
・累積ポイントを照会する
・特典を利用する

チェックポイント
・何をキー情報に会員確認をおこなうか？（会員番号のみ／会員番号と氏名）
・会員情報を視認しやすいか？（屋内／屋外いずれの環境で）

- 会員証や会員番号を失念したときのオペレーションは？（調べてその場で教える／後日会員証を見せてもらう対応にする／会員サービスを提供しない）
- お客さんが会員証を紛失したときのオペレーションは？（即時再発行／後日再発行／会員番号も再発行、新たに発番）
- 新しい会員証が届くまでの会員情報閲覧／照会のオペレーションは？

その3　ソフトクリーム製造機の場合

運用者・管理者

- 棚卸し作業時に、資産管理番号を確認する
- 故障時に、機種番号、機器のシリアル番号、メーカーの問い合わせ先などを確認する

チェックポイント

- 資産管理番号、機種番号、機器のシリアル番号、メーカーの問い合わせ先（サポート担当の電話番号など）が、機器の確認しやすい位置に貼付されているか？
（底面や背面など確認しにくい位置に貼ってあると、絶望的な気持ちになります）

3. 出力

　対象物＝データや情報の場合、印刷や他電子媒体や他システムへの出力のしやすさも考慮する必要があります。

その2　会員データの場合

運用者

- 会員情報を紙に印刷して、お客さんに渡す（セキュリティの関係上、印刷させない制御を考慮する必要もあり）

管理者

- 優良会員を一覧にして印刷する

- 優良会員情報を、クラウドサービス上の会員情報データベースから、店舗のオフラインのPC上の優良会員データベースに移送する

> お客さん

- 会員情報にひもづいてWeb画面に表示された「お誕生月割引クーポン券」を印刷する

> チェックポイント

- 印刷したときに見やすいか？（A4×1枚の範囲に収まるか）
- 無駄にカラフルでトナーを消費しないか？
- そもそも出力させていい情報か？（セキュリティを考慮）
- 他システムにデータ連携しやすいか？
- 加工しやすいか／改ざんされにくいか？

4. 複製／回覧

　対象物＝データや情報の場合、関係する複数の人たちで回覧するケースも考えられます。

その2　会員データの場合

> お客さん

- 会員証および会員番号を家族や友人が利用して買い物をする
- 会員画面に表示された「割引クーポン券」をコピーして複数名で／複数回利用する
（ただし、会員以外への譲渡および利用を可能としている場合に限る）

> チェックポイント

- 印刷しやすいか？
- 画面をキャプチャしやすいか？
- データをエクスポートしやすいか？

5. 提示／提出

　対象物＝データや情報の場合、提示を求めるケースがあるかどうかを想定し、提示のしやすさを考慮する必要もあります。

その2　会員データの例

運用者
- お客さんに、会員証や会員番号の提示を要求する

お客さん
- 買い物時、会員証や会員番号をお店のレジスタッフに提示する
- 累積ポイントや会員特典の内容を確認したいとき、会員専用のWebサイトで会員番号を入力する

チェックポイント
- 対象物（この場合は会員証および会員番号）にわかりやすく呼びやすい名称がつけられているか？
  ⇒これがわかりにくいと、「○○ IDの提示をお願いします」「……それって何のことですか？」と混乱を発生させることに。
  「Aからはじまる6桁の番号」「黄色いカード」など特徴で想起しやすくする工夫も大事です。
- 持ち運びがしやすいか？
- 記憶に残りやすいか？
- 提示や提出のための余計な手間を発生させないか？※

　ここで質問です。ご自身のパスポートや運転免許証、どこにしまったか覚えていますか？　有効期限は切れていませんか？

※マイナンバー制度の致命的な欠点はここです。行政関連の手続きを効率化する狙いがあったのにもかかわらず、事業者から個人への支払いが発生する際など、事業者がマイナンバー関連情報（マイナンバーカードの表裏、または通知カードと身分証明証の写し）を個人にわざわざ紙で郵送〜提出させる間接稼動が発生。情報セキュリティ面でもほめられた運用とは言い難いです。

6. 保管／記憶

　対象物を保管する必要がある場合、移送および保管をしやすいか？　対象物＝データや情報の場合、記憶のしやすさも考慮する必要があります。

その2　会員データの場合

運用者
- 会員の申し込み書（紙）をファイリングして、専用のキャビネットに保管する
- 会員データ（電子）を、定期的に外部記憶媒体にバックアップして、専用のキャビネットに保管する

お客さん
- 会員証を財布にしまう／自宅に保管する
- 会員番号とパスワードを脳内に記憶する

チェックポイント
- 用紙を加工せずにファイルに収納しやすいか？
- 紙や文字は劣化しにくいか？
- ファイルはキャビネットに収納しやすいサイズか？
- 電子データは外部記憶媒体にバックアップしやすい形式か？
- 電子データを暗号化できるか？
- 会員証は財布に出し入れしやすいサイズと厚さか？
- 濡れにくくないか？
- 氏名の書き込みがしやすいか？
- 磁器部分が劣化しやすくないか？
- 会員番号は記憶しやすい長さや形式になっているか？
- （秘匿性の高くない情報にも関わらず）パスワードが記憶しにくい煩雑な長さやルールになっていないか？

その3　ソフトクリーム製造機の場合

運用者・管理者

・（ソフトクリームを期間限定販売商品とする場合）対象期間終了日の営業時間終了後に、機械を洗浄し、取り外しをし、カバーをかけて倉庫に保管する

チェックポイント

・機械を洗浄しやすいか？
・取り外しや移送がしやすいか？
・倉庫に保管スペースはあるか？

　保管も大きなコスト要因、および利用者に無駄な労力を強要するネガティブ要因になりえます。たとえば、年末調整のための控除証明書類。毎年、10月くらいに保険会社から個人宛に送付されますが、これを年末調整まで保管しておくのが地味に苦痛な人も。保管場所を覚えておくストレスも発生させます。「再発行不可」なようなので、なおのことプレッシャーに感じる人もいるでしょう。早く電子化してくれないかと願いつつ（保険会社の証明書の郵送の手間およびコスト削減にもなりますし）、保管や記憶がいかに利用者にストレスを与えているかがわかる事例です。

　自動車税の納税証明書も、保管／記憶の観点で厄介な書類の１つでしょう。納税者は、車検を受ける際、当年度の納税証明書を提出しなければなりません。よって、車検を受ける必要のある年に限って、納税証明書を車検日まで保管しておかなければならないのです。それを知らず、「なくした」「捨ててしまった」と車検当日になってあたふたする人も。幸いなことに、納税証明証は所管の自治体の税務署で再発行してもらえますが、その手間もコストももったいないですね。納税時に窓口係員から「車検に必要となりますので、大切に保管してください」のひと言でもかけてもらえれば多少なりともトラブル防止効果はあるかもしれませんが、そのような対策は残念ながらなされていない様子です。

　保管が必須、記憶が必須。
　保管が面倒、記憶が面倒。

さらに、紛失／失念した場合にリカバリーしにくい業務設計・サービス設計。

それは、利用者と運用者、双方のストレスになります。

7. 説明

対象物の存在や操作方法を、第三者に説明するケースがあるかどうか？
その場合、説明／伝達しやすいか？　習熟しやすいか？
そのような観点も重要です。

その1　牛丼バーガーの場合

運用者
- 牛丼バーガーの存在や魅力を口頭／チラシ／Web などでお客さんに PR する
- 牛丼バーガーの作り方や提供の仕方（包み方や渡し方など）をアルバイトスタッフに教育する

お客さん
- 牛丼バーガーの存在や魅力を家族や友人に伝える、SNS などで拡散する

チェックポイント
- 作り方、提供の仕方を説明しやすいか？
- マニュアルはそろっているか？
- 商品名は覚えやすく、口に出しやすいか？
- ネーミングに不快感がないか？
- ネーミングが長すぎないか？（長すぎると、Twitter などの投稿文字数制限のある SNS でネックに）
- ハッシュタグを付けやすいネーミングか？
- 商品の訴求ポイントがわかりやすいか？
- 運びやすいか？
- 外で食べやすいか？

- いわゆる「インスタ映え」するか？
- 傍目に見て「牛丼バーガー」であることを認識しやすいか？

その2 会員データの場合
運用者
- 会員証や会員データの存在をお客さんに説明する、想起させる
- 会員証や会員データの取り扱い方法を、アルバイトに説明する

チェックポイント
- 対象物（この場合は会員証および会員番号）にわかりやすく呼びやすい名称がつけられているか？

その3 ソフトクリーム製造機の場合
運用者・管理者
- ソフトクリーム製造機の操作方法をアルバイトスタッフに教育する

チェックポイント
- 対象物（この場合はソフトクリーム製造機）にわかりやすく呼びやすい名称がつけられているか？
- 操作説明がしやすいか？
- マニュアルはそろっているか？

8. メンテナンス

対象物を維持／保守する必要がないか？
バージョンアップやアップデートをする必要がないか？
そのような観点も考慮しなければなりません。

その1 牛丼バーガーの場合
運用者・管理者
- 牛丼用の調理機材を定期点検する

その2　会員データの場合
管理者
- 会員データを管理しているデータベースの保守費用を払う
- 使用しているOSやソフトウェアのバージョンアップやセキュリティパッチの適用をする

その3　ソフトクリーム製造機の場合
管理者
- 年に1回、定期点検をする
- 消耗部品を交換する
- 数年に1回、オーバーホールする

その他に注意しておきたいチェックポイント

　上記、1.〜8.いずれのシーンにおいても、以下の視点で考慮すべき点はないか、抜け漏れがないかを、改めて確認するといいでしょう。

環境は？
- 屋内／屋外、騒音や振動が発生する環境
- 他社の人たちと共有している空間
- ネットワーク接続しているデバイスを通じて
  など

利用するツール、デバイスは？
- PC（デスクトップ／モバイル）
- スマートフォン
- 電話
- FAX
- 口頭の会話のみ
  など

対象者の属性は?
・男性中心
・女性中心
・子ども中心
・親子連れ
・高齢者が多い
・外国籍の人も多い
・利き手(右利き、左利き)
　など

使用する言語は?
・日本語のみ
・日本語も英語
・日本語と英語と中国語
・アラビア語対応も必要(右から左に流れる、RTL言語)
　など

　これらの視点で再度見直すことによって、利用シーンごとのネックや改善点がさらに見えてくることでしょう。

(3)変更

　業務やサービスに変更はつきものです。つきものなので、変更を正しく想定し、正しく備える必要があります。その対象物に、本番運用が開始した後、どのような変更が起こりうるのかを想定し、変更しやすい業務設計／サービス設計をおこないましょう(あるいは、運用で対応する方法をあらかじめ考えましょう)。

1. 変更のトリガー

　そもそも、業務やサービスを変更する必要があるのは、どんな時でしょう

か？　大きく4つのトリガー（きっかけ）があります。

① ビジネスの方向性や方針の変化
② 外部環境の変化
③ インシデント
④ 問題

①ビジネスの方向性や方針の変化
「BtoC から BtoB に業態を転換する」
「店舗による販売を縮小し、インターネット通販サービスを強化する」
「業績拡大に伴い、来年度は10店舗を新規に出店する」
「物流の強化を図るべく、倉庫を外部委託から自社運営に切り替える」
「業績縮小に伴い、スタッフを減員する」

　ビジネスの方向性や方針は、その組織の長期計画や中期計画などに基づき、あるいは突然、変化します。当然、提供する業務やサービスも変更しなければなりません。

②外部環境の変化
　自然環境の変化、法制度の変化、サプライヤー環境の変化、人口動態、政府や関係省庁からの要請、経済状況の変化、「働き方改革」「ダイバーシティ」「生産性向上」など世の中のマネジメントトレンドの変化。これらの外部環境の変化も、業務変更、サービス変更のきっかけになりえます。最近では、自然災害の悪化に伴い、警報などが発令されたときの業務の対応レベル（停止する／しない）の明確な定義または変更も求められつつあります。

③インシデント
　通常の業務の遂行を邪魔する何か（トラブル、クレーム、問い合わせなど）を「インシデント」といいます。インシデントに効率よく対応するために、業務やサービスを追加または変更するケースがあります。インシデントについては、第4章でくわしく解説します。

④問題

　インシデントを発生させる根本原因を、（IT）サービスマネジメントの世界では「問題」と呼びます。同じインシデントを繰り返し発生させないために、根本原因を特定して解決する取り組みを「問題管理」といいます。問題を解決するために、業務やサービスの追加または変更を要することがあります。問題についても、第4章でくわしく解説します。

2. 変更の具体例とチェックポイント

　ハンバーガーショップを運営する例で、どんな変更が発生しうるか考えてみましょう。

その1　牛丼バーガーの場合

「もともと店内のみで提供する商品と想定していたが、テイクアウトサービスも展開したい」
「3ヶ月の限定販売を考えていたが、好評につき販売期間をあと3ヶ月延長し、6ヶ月とする」
「神戸牛使用、松阪牛使用、飛騨牛使用など、産地別のプレミアムラインナップを増やしたい」

チェックポイント

- 従来の包装紙は、牛丼バーガーのテイクアウトにも適しているか？　牛丼バーガー専用の包装紙を考えなくていいか？
- 発売期間延長にともなう、メニュー表や看板の変更は容易か？（シールを上から貼るだけでOK、など）
- プレミアムラインナップを増やす場合、従来の調達先で対応可能か？
- 食材の保管場所と保管方法は変更しなくていいか？
- 従来の調理器具で対応可能か？
- Webサイトやシステムを更新するためのリードタイムと予算をどれだけ確保すればいいか？
- 販売マニュアル、調理マニュアルなど、マニュアル類はどこに、どう手を加えればいいか？

その2 会員データの場合

「結婚に伴い、会員データの姓を変更したい」
「会員証を紛失した。どうすればいいか？」

チェックポイント

- 会員情報の、どの項目に、どんな変更が発生しうるか？（姓の変更、名の変更、住所の変更、性別の変更、など）
- 会員情報の変更に対応するか？（「変更できません」とする手もあり）
- 会員情報を変更する場合の手続きをどうするか？
  →スタッフがその場で口頭で受け、会員データベースにアクセスして変更
  →本人に申込書に記入してもらって、受付後に変更（その場合、記入者が本人であることの確認をどうおこなうか？「おこなわない」割り切りもあり）
- 会員情報を変更した後に、会員ナンバーは変更するか？ それとも、新規発行扱いとするか？
- 蓄積されたポイントの移行をどうするか？
  →そのまま引き継ぐ
  →リセットせざるをえないものとする
- 会員証を発行するオペレーションは？
  →再発行をした場合、会員番号は変更するか？
    それとも、新規発行扱いとするか？
  →ポイントは引き継ぐか？

その3 ソフトクリーム製造機の場合

「ソフトクリームが好評につき、機械の台数を増やして対応したい」

チェックポイント
・設置場所はあるか？
・コンセントの数は足りるか？
・スタッフが作業するスペースはあるか？
・お店の電力（アンペア数）は足りるか？
・移設する場合に必要な段取りと予算は？

　いかがでしょう？　いずれのケースにおいても、変更を見すえて業務を設計しておかないと、「できません」あるいは「運用でカバーしろ」となってしまいます。

　ハンバーガーショップの例に限らず、私たちの日々の業務においても変更が望ましいシーンは多々あります。たとえば、だれか偉い人の思いつきで始まった「定例会議」や「定例報告」。もはや、大して議論する内容もないし、わざわざ報告書を作成するだけ大変。形骸化して、「だれが得するの」（いわゆる「だれトク！？」）状態になっていることがよくあります。「働き方改革」ムード（＝外部環境の変化）に乗じて、この際「変更」（＝やめる／頻度を減らすなど）してみましょう。

　変更を評価して審査するプロセスおよびマネジメント活動を、「変更管理」といいます。毎月開催されている定例会議や定例報告。なんの予告もなく、いきなりやめてしまったら、トラブルが発生するでしょう。そうならないよう、変更を評価して、準備して、適切に実施する必要があります。変更管理については、第3章でくわしくお話しします。

　また、変更対応をスムーズにおこなうためには、変更の予兆を積極的に捉えておくにこしたことはありません。そのための、仕掛け作りや行動も肝です。この点も、第3章で触れます。

COLUMN
コラム「主キー」を意識しよう

　会員情報などのデータベースを構築するときに、意識したいのが「主キー」です。主キーとは、データベースなどに登録されたデータを一意に特定／識別するための項目（番号など）をいいます。

　たとえば、学校では生徒1人1人に学籍番号や出席番号が付与されているでしょう。この番号により、その生徒がだれであるかを一意に特定できます。もし、氏名情報しか登録されていなければ、特定の生徒を検索するにも時間がかかりますし、変更を管理する手間もかかります。

　主キーは通常、変更不可にします。変えてしまうと、そのデータの特定や変更履歴のトレースが難しくなるからです。たとえば、ある生徒の姓が在学中に変わったとします。そのとき、学籍番号などの主キーがなかったら（あるいは変えてしまったら）、変更前後で同一人物の特定が難しくなります。また、姓が変わった結果、同姓同名の人物が複数存在することになる場合も考えられます。その場合も、主キーがあればどちらがどちらの人物か識別することができます。

　「主キー」など、データベース用語についてくわしく知りたい方は、データベース設計の専門書をひもといてみてください。

(4) 停止

　業務やサービスは一時停止、あるいは無期限停止することも考えられます。

・対象業務の停止が可能かどうか？
・どんなケースでの停止が想定されるか？
・停止を周知する必要はないか？
・復旧の段取りは？

　これらのパターンを見越して、可能な限り備えておきましょう。

> **停止の例**

・年末年始に業務を止める
・店舗の移転に伴い、1週間店舗業務を止める
・システムのオンラインサービスをメンテナンスで計画停止する
・会員サービスを一時停止する
・運用担当者の休職にともない、アドミン権限を一時停止する

その1　牛丼バーガーの場合

「夏季の2ヶ月間だけ、牛丼バーガーの提供を中止する」

> **チェックポイント**

・原材料の発注をどのタイミングで止めるか／再開するか？
・サプライヤーへの連絡はどのタイミングでおこなうか？
・事前にお客さんや会員への周知をおこなうか？
　おこなう場合、だれが、どの手段で、どのようにおこなうか？
・牛丼バーガー限定のクーポン券（有効期限つき）をすでに会員に配布してしまった。有効期限の延長をおこなうか？
　おこなう場合、どのようなオペレーションで延長対応するか？
　→面倒なのですべてのクーポン券につき一律＋2ヶ月で期限延長する（会

計時にスタッフが目視で確認する）など

> **その2** **会員データの場合**

「一定期間の利用がなく（あるいは有効期限が切れて）、会員資格を喪失した」
「会員情報管理システムを、メンテナンスで計画停止しなければならない」

> **チェックポイント**

- 失効した会員が再度会員登録する場合、会員証と会員ナンバーを新たに払い出すか？　継続利用とするか？
- 停止するサービス、およびシステムを停止することにより考えられる影響は？
  →会員用 Web サイトを停止する。その期間、会員が特典を利用できなくなる、など
- システム停止期間中、会員へのサービスを代替手段で提供するか？
  代替手段を実施する場合、マニュアルの準備やスタッフへの訓練を実施しなくてもいいか？
- システム停止の期間や影響を、事前に会員への周知をおこなうか？
  おこなう場合、だれが、どの手段で、どのようにおこなうか？
- システム復旧の周知をおこなうか？
  おこなう場合、だれが、どの手段で、どのようにおこなうか？
- システム停止作業、および復旧作業の段取りや訓練をおこなう必要があるか？
  ある場合、だれが、どのようにおこなうか？

> **その3** **ソフトクリーム製造機の場合**

「メンテナンスに伴い、1週間機械を稼動させられない」
「ソフトクリーム好評につき、機械の台数を増やして対応したい」

> **チェックポイント**

- 機械が故障した場合／機械を計画停止させる場合、ソフトクリームの販売を継続するかしないか？

継続する場合の代替手段は？
→代替機を手配しておこなう、手作業でおこなう、など
・代替手段を実施する場合、マニュアルの準備やスタッフへの訓練を実施しなくてもいいか？
・機械を計画停止させる場合（かつ当該期間はソフトクリームの販売をおこなわない場合）、事前にお客さんや会員への周知をおこなうか？
おこなう場合、だれが、どの手段で、どのようにおこなうか？

(5) 廃止

5つのライフイベントの最後を飾るのがこちら。廃止。「おはようから、おやすみまで」のおやすみの部分です。私は、これを「業務の終活」と呼んでいます。

業務やサービスを考えるとき、立ち上げることばかりに意識がいきがちですが、止めやすさを考えるのもそれ以上に重要です。中途半端に始めたばかりに、止められなくなって、赤字や残業垂れ流しで現場が疲弊している業務をよく見かけます。思いつきで機械設備を買ってしまったものの、捨てるに捨てられなくて途方に暮れることもあるでしょう。そうならないよう、止め方も考えておきましょう。

廃止の例
・その業務自体をなくす
・サーバーやネットワーク機器を撤去して廃棄する
・ソフトウェアライセンスの契約をやめる
・会員情報を破棄する（物理削除）
・アドミン権限を削除する

その1　牛丼バーガーの場合
「牛丼バーガーの提供を終了する」

> **チェックポイント**

- 原材料の発注をどのタイミングで止めるか？
  サプライヤーへの連絡はどのタイミングでおこなうか？
- 在庫の扱いをどうするか？
- 調理器具の扱いをどうするか？（転用する、保管する、破棄する）
- 事前にお客さんや会員への周知をおこなうか？
  おこなう場合、だれが、どの手段で、どのようにおこなうか？
- すでに会員に配布済みの、牛丼バーガー限定のクーポン券をどうするか？
  →払い戻しを受け付ける（その場合、払い戻し期限を設ける／設けない？）
  →払い戻し方法は？
- メニュー表、看板、Webサイトなどの修正箇所は？
  修正がある場合、いつ、だれが、どのようにおこなうか？
  リードタイムと予算をどれだけ確保すればいいか？
- POSシステムにどんな対応が必要か？
- 販売管理システムのマスターに、牛丼バーガーの商品コードをいつまで残しておくか？
- 商品コードは、別商品での再利用不可扱いにしなくてもいいか？
  →商品コードに対するライフサイクルマネジメントが必要

その2　会員データの場合

「会員サービスを終了する」

> **チェックポイント**

- 事前に会員への周知をおこなうか？
  おこなう場合、だれが、どの手段で、どのようにおこなうか？
- 会員が蓄積したポイントの扱いをどうするか？
- 会員からどのような問い合わせやクレームが想定されるか？
  想定問答集を作る必要はないか？
- 会員の個人情報は保管するのか？　破棄するのか？
  その場合の段取りと方法は？
  セキュリティ上の留意点は？
- 会員情報管理システムをいつ終了するか？

リードタイムと予算をどれだけ確保すればいいか？

その3　ソフトクリーム製造機の例
「老朽化したソフトクリーム製造機を廃棄する」

チェックポイント
・廃棄するために必要な手順と予算は？
・有害物質の処理など、廃棄に際して特段の配慮が必要な点はないか？
・下取りしてくれる専門業者はないか？

　効率の悪い業務やサービスをだらだらと続けないための歯止めとして、次のような「廃止基準」を決めておきましょう。

「利用者数が3ヶ月連続で規定値を下回ったら、その時点で廃止検討に入る」

　それにより、客観的な基準をもとに、業務を廃止することができます。形骸化した「定例会議」や「定例報告」も、この際やめてしまいたいものですね。

　では、どうやったら廃止できるか？
　客観的なデータや情報をもって、「だから止めましょう」と進言できるか？

　そのためには、日頃から業務やサービスの状況をモニタリング（監視）する必要があります。次節に続きます。

COLUMN
ライフサイクルあれこれ

2-2節では、業務を「新規」→「利用」→「変更」→「停止」→「廃止」の5つから成るライフイベントで紹介しました。しかし、すべての事象をこの5つのライフイベントで説明できるとは限りません。

たとえば、あなたがITエンジニアを対象としたコミュニティイベントを企画して開催するとしましょう。イベントのライフサイクルは次のようにとらえられます。

企画→周知・拡散→準備→実施→学びの拡散→終了→波及

まずは企画。イベントのコンセプトや、ターゲット参加者、会場、プログラムなどを設計します。

次に周知。イベントの存在と内容が知られるプロセスです。この時、より多くのITエンジニアにリーチするよう拡散を意識する必要があるでしょう（例：イベント名にハッシュタグをつけてTwitterで発信する。限られたメンバーだけでやりたい場合、拡散させない工夫をします）。

そして準備を経て、実施。参加者にイベントを体験してもらう工程です。参加者や主催者がその場で感想や学びを発信し、参加者相互で（ないしは当日参加できなかった人にも）情報共有できるよう工夫を凝らすイベントも少なくありません（例：撮影OKとする、イベント名にハッシュタグをつけてSNSで発信しやすくする、Web配信する）。SNSを見た人が、興味を持って次回参加してくれるかもしれません。

めでたく終了。ただ終えるだけではなく、ふりかえりをおこないます。運営上の反省点のふりかえりはもちろん、参加者がSNSやブログで発信した学びをふりかえるのも大事。後日まとめてWebで公開すれば、次回のリピート参加や新規参加を促すことができます。すなわち、波及につながります。

日々、何気なく接している業務やイベント。ライフサイクルの発想でとらえるだけで、思わぬ改善点や工夫の余地を見つけることができます。

2-3 その業務が問題なく回っているか、変化を察知する
モニタリング（監視設計）

（再び）業務は生き物です。

変更したほうがいいのではないか？
停止の予兆はないか？
廃止してもいいのではないか？

そのような判断を組織で適切におこなうためには、そのトリガーとなる変化を察知（監視／モニタリング）しなければなりません。

変化の例

- 法制度が変わるらしい
  ⇒業務のやり方とシステムの機能を変更する必要がある
- 取引先の吸収合併があるらしい
  ⇒当該取引先コードを変更しなければならない
- トランザクションが増えて、システムのパフォーマンスが低下しつつある
  ⇒ハードウェア、ネットワークを増強したほうがいいかもしれない
  　データをガベージ（クリア）したほうがいいかもしれない

ハンバーガーショップの運営でたとえても……

「お客さんが増えてきた。そろそろフロアスタッフの人数とレジの台数を増やさなくては」
「夏休みは来店客が増える傾向にある。夏の間だけアルバイトスタッフを採

用したほうがいいのではないか？」
「デザートのソフトクリーム。無料キャンペーンはいつまで続けたらいいだろう？」
「食材の追加発注、どのタイミングでしたらいい？」
「割引キャンペーンを開始するタイミング、どうしたらいいかな？」
「お好み焼きバーガー。手間がかかるから、正直やめたいんだよな……」

　このように、業務やサービスを変更する／しないの悩みはつきまといます。
　小規模なお店であれば、店長の目視やスタッフの感覚で対応できるかもしれません。トップダウンで決めてしまえばすむかもしれません。しかし……

・意思決定権者がその場にいないオーナーだったとしたら？
・多店舗展開して、各店の状況を目視や感覚では把握できないとしたら？
・株主や投資家など、外部ステークホルダーに経営判断を説明する必要があるとしたら？

　また、感覚的な判断のみをしていると、スタッフが不公平感による不満を募らせる可能性もあります。そのため、客観的な数字やデータが必要になります。
　変化やトラブルの予兆はないか？　それを察知するためには、日々の業務を測定して、報告（共有）しましょう。そもそも、日頃何にアンテナを立てておいたらいいのか？　すなわち、監視／測定項目を定義するところから始まります。おもな活動は5つです。

（1）監視／測定項目の定義
（2）監視／測定方法の定義
（3）報告方法の定義
（4）緊急対応ルールの策定
（5）ふりかえりの実施

監視／測定の5つの活動

(1)監視／測定項目の定義 → (2)監視／測定方法の定義 → (3)報告方法の定義 → (4)緊急対応ルールの策定 → (5)ふりかえりの実施

(1)監視／測定項目の定義

　そもそも何にアンテナを立てて、何を意識的に監視して測定するのかを定義します。定義をしないと、日常の業務の景色は何気なく流れていってしまいます。意識的に測定するつもりがなければ、経験は経験として知識化されません。

　たとえば、あなたが交差点の端に立って30分間、道路を眺めていたとします。

「この30分で、何台のバスが通りましたか？」

　こう問われて、とっさに答えられるでしょうか？　よっぽど通りが少なくて明らかに「ゼロ」か「イチ」かでもない限り、おそらく答えられないでしょう。

　ところが、最初にこう言われていたらどうでしょう？

「この30分で、バスが何台通るか数えてほしい。よろしく」

　この瞬間、あなたの意識にアンテナが立ちます。その結果、バスがあなたの目にとまり、測定を意識的におこないます。

よく、ミスを見落とした人に対して「いったいどこを見ていたんだ？」と叱責する人がいます。しかし、見るべきポイントをろくに指導していないのに、見落としを責めるのは酷です。最初にアンテナを立ててあげましょう。

その1　牛丼バーガーの場合
・期間限定での発売だが、売上次第では延長したい。レギュラーメニューにすることも考えたい
　⇒日別の売上数量をカウントしよう

・牛丼バーガーに関するお客さんの声を拾いたい
　⇒データベースにフラグを立て、牛丼バーガーに関するWebアンケートの結果や投書を集計（ソート）しやすくしよう

・牛丼バーガーとセットで、どんな飲み物が売れるか知りたい
　⇒POSの設定で、牛丼バーガーとセットで売れたドリンクにフラグを立てるようにしよう

その2　会員データの場合
・会員情報を、世代別、性別ごとに分類できるようにしたい。各々の特性にあったキャンペーンを計画したいから
　⇒月別に、世代別、性別ごとの新規会員数、累計会員数がわかるようにしよう
　⇒会員情報データベースに、世代と性別欄を設けておく必要がある
　⇒会員登録時の申し込み書やWebフォームに、世代と性別欄を設けて「必須回答」にする必要がある

その3　ソフトクリーム製造機の場合
・メンテナンス時期、買い替え時期を見極めたい
　⇒購入してから何ヶ月経過したか、定期チェックしよう
　⇒本体の部品交換ランプが点滅しているか監視する必要がある
　⇒電源をONしてから、立ち上がるまでの所要時間を計るようにしよう
　（「20秒以上かかったら、そろそろ部品交換の時期」と思うようにする）

測定項目や監視項目で決められるものは、なるべく最初に決めておきましょう。なぜなら、後からデータを取るのは大変（不可能な場合も）だからです。後から会員情報データベースに世代と性別の項目を追加するのは、大変骨の折れる作業です。

「え、そんなのExcelに列を挿入する感じで、ちゃちゃっとできるでしょ？」

　待ってください。システムは他システムとの連携で成り立っています。データベースの構造を変えた結果、こんなトラブルを引き起こす可能性が。

・関連するほかのシステムとの情報授受がうまくいかなくなった
・検索処理が遅くなった
・夜間のバッチ処理が遅くなった
・印刷する帳票の表示項目がおかしくなった

　また、システム担当者やベンダーは、こうした影響をあらかじめ調査しなければなりません。その調査稼動もコストも、システムの規模が大きければ大きいほどかかります。
　加えて、それまでデータベースに蓄積されてきた既存データについてはどうしましょう？　これまでのデータは、世代情報も性別情報も持っていません。

・空白にしておく
　　→その場合、システムの各種処理や他システムの連携などに影響がないか
　　　調査する必要があります。空白＝エラー扱いで、処理が止まってしまっ
　　　たり、想定外の挙動を起こす可能性もありますから
・一律で、何らかの値を入れておく
　　（全データ「200歳代」「男性」にしておく、など）
・いまから会員全員にヒアリングして、世代と性別と聞く

　このような対策を講じなければなりません。

先々のライフサイクルの変化を見すえて、あらかじめデザインしておく。この重要性をおわかりいただけたでしょうか。

　何にアンテナを立てるか？
　すなわち、何を意識して監視し、測定すればいいか？

　それは、その組織が「何を強化したいか？」あるいは「何を問題視するか？」によります。企業のビジョン、ポリシー、大切にしたいもの、中期計画、年間計画。さらには「無駄な業務を減らしたい」などその時々のマネジメントポリシーによります。やみくもに監視して測定してデータマニアになるのではなく、「なぜ、その項目を測定するのか？」を上位視点でふりかえりましょう。

(2) 監視／測定方法の定義

　監視／測定項目を決めたら、次に測定方法を定義します。

・システムで自動計測する
・人手で測定する／都度入力する
・映像記録する
・係数や理論値などにより想定する

　さまざまな方法が考えられます。なるべく人がかからない、手間をかけすぎず、さりとて手を抜きすぎない、現実的な方法を考えていきたいものです。

(3) 報告方法の定義

　何のために業務の監視や測定をするのか？
　その業務が健全に回っているか？
　問題やその予兆はないか？

その組織のビジョンやポリシーや事業計画に合った動きをしているか？

これらを把握して、対策行動につなげます。いわば、監視と測定は業務の健康診断。そして、健康診断の結果は、当事者に見せて、よしあしを議論しなければ意味がありません。すなわち、報告（または共有）をデザインする必要があります。決めておきたいポイントは5つです。

1. 報告実施者
2. 報告フォーマット
3. 報告の周期
4. 報告方法
5. 緊急報告の基準

1. 報告実施者

だれが、だれに報告をするのか？

例}
- 店長がオーナーに店舗の運営状況を報告する
- 店長が全スタッフに開示する

2. 報告フォーマット

どのような様式で報告をするのか？

例
- 所定のExcelフォーマットで定量報告（数値報告）する
  または、WordまたはPowerPointファイルで定性報告を記す
  （所感／コメント／問題点／要改善点など）
- システムと自動連携した、クラウドサービス上で報告できるITサービスやBIツールなどを利用する
- Slackの特定のチャンネルに投稿する

報告する項目が決まっていないと、報告の内容が安定しませんし、有効なふりかえりもできません。定量報告する項目については、できれば過去からの数字の推移も表やグラフで示し、見た目で動向を理解／未来を予測しやすくする工夫も大事です。

3. 報告の周期

　週1回／月1回／四半期ごと／半期ごとなど、報告を実施する頻度を決定します。できることなら、関係者のスケジュールをあらかじめ確保しておき、「忙しいから今月は報告なし」などいきあたりばったりにならないようにしましょう。特にこだわりがなければ、まずは月1回から始めてみることをオススメします。

4. 報告方法

　報告を実施する方法を決めておきます。

> 例
- 本社の会議室で対面で報告会をおこなう
- Web会議や電話会議でおこなう
- 電子ファイルを期日までに所定のフォルダに格納して、自由に見るスタイルにする
- スタッフにも共有できるよう、ホワイトボードに貼り出す／デジタルサイネージに投影する
- 社内報に掲載する

　報告にはそれなりのカロリーを使います。ケースバイケースで、報告の実施頻度そのものを減らしたり、対面での打ち合わせをするのではなくITシステムで共有してWeb会議ツールを使って報告するなど、報告業務自体のライフサイクルマネジメントも意識しましょう。

(4) 緊急対応ルールの策定

　さきほど定義した報告方法は、定期報告を対象としたものです。しかし、日々業務を運営していると、定期報告を待たずして緊急報告をおこないたいケースに遭遇することもあるでしょう。

例
- 使用しているITシステムが、異常を示すアラートを3日連続であげ続けている。システムを停止して緊急対応をしたい

　緊急報告をおこなう基準ややり方（まずだれに連絡するか）も、あらかじめ決めておくといいでしょう。大きな組織になればなるほど、

「なぜすぐに報告しなかった！」
「この程度のトラブルで、わざわざ報告してお手を煩わせるのが申し訳ないと思いまして……」

　このような、お互いの気遣いによるすれ違いが起こりがちです。判断に悩むくらいなら、緊急報告する基準や条件を決めておいたほうが無駄なストレスもなく、健全に業務を運営できます。

(5) ふりかえりの実施

　何事も、ふりかえりが肝心です。

　測定してオシマイ。報告してオシマイ。

　それでは、仕事のための仕事でしかありません。また、測定している現場の人たち、報告させられる人のモチベーションも下がります。報告した／された内容をもとに、以下のアクションにつなげましょう。

・改善策を検討して実施する
・変化を見すえて、投資する
・ポリシーの方向転換を図る
・無駄を見つけて不必要な業務をやめる

　ふりかえり会は、最低でも年1回は実施してください。あるいは、定期報告時におこなうのもいいでしょう。
　ただなんとく業務を回しているだけでは、変化に気づけません。知識もたまりません。業務設計／サービス設計時に、きちんとアンテナを立て、仕組みをもって変化の予兆を察知できるようデザインしたいものです。

2-4 今後の業務規模拡大／縮小などの変化を見すえる
スケーラビリティ（拡張）設計

　今後、その業務を拡大するか／しないか？　利用動向、スタッフの能力、環境要因などさまざまな要因を勘案し、業務の拡大（または縮小）を検討することがあるでしょう。

　たとえば、お客さんの増加にあわせて、お店にPOSレジを増設したいとします。しかし……

・使っているPOSレジが特殊仕様で、すでに販売中止品だったとしたら？
・POSレジの操作方法が複雑で、既存の熟練した職人しか操作できなかったら？
・POSレジを増設するスペースがなかったら？

　業務の拡大をあきらめなければならないかもしれません。

　将来の業務規模の拡大や縮小を見すえ、その業務を構成するリソースを拡張または縮小しやすい準備をしておく取り組みを「スケーラビリティ設計」といいます。スケーラビリティ（scalability）とは、利用者や仕事の増大に適応できる能力の度合いを示します。

　2-1節で挙げた5つの対象物、❶業務／サービス、❷システム、❸データ、❹機器／資材／材料、❺組織／権限につき、将来の拡張や縮小の可能性がありそうか、すなわちスケーラビリティを考慮する必要があるかをチェックしましょう。スケーラビリティを考慮するうえで、特に意識したい5つのポイントを挙げます。

（1）利用者数の想定

（2）同時アクセス数
（3）ピーク時特性
（4）スレッショールドの設定
（5）プロダクトライフサイクル

(1) 利用者数の想定

以下のような利用数の増減を想定します。

・店舗を利用するお客さんの数
・会員サービスを利用する会員の数
・POS レジを利用するスタッフの数
・顧客情報データベースを利用するスタッフの数

増加／減少を把握および予測できるようにするためにも、2-3節で解説した監視／測定が重要です。

利用者数を把握および想定するうえで、次に解説する「同時アクセス数」と「ピーク時特性」の2点は特に要注意。見落としがちかつ後々トラブルになるケースが散見されます。

(2) 同時アクセス数

同時アクセス数とは、同じタイミングに同じ業務やサービスを利用している人がどれだけいるかを示す数値です。一気に大量の利用者が殺到すると、以下のようなリスクがあります。

・係員が対応しきれない
・設備を提供しきれない
・システムにアクセスしにくくなる
・システムがダウンする

あらかじめ限界を見定めて対応する／しないを検討しておくのも大事です。

> 例

・顧客情報データベース。最大10人のスタッフが同時にアクセスする可能性がある

「社員数50名前後の規模の利用を想定した、中小企業向けのパッケージソフトウェア。導入当初は問題なく利用できていたものの、社員数が100名を超えたあたりから、同時アクセスに耐えられなくなり、レスポンスが低下するようになったり、タイムアウトするようになった」

この手の話をよく聞きます。

(3) ピーク時特性

需要が旺盛になる、ピーク時における利用者の傾向や環境の特徴を「ピーク時特性」といいます。

> 例

・17時〜18時は部活帰りの高校生が一気に来店する

ピークにあわせてリソースを増強すると、平常時や閑散時にリソースを無駄に遊ばせてしまうことにもなりかねません。

・ピークはどれだけの頻度で、どの程度の長さ訪れるか？
・ピーク時だけリソースを増やす方法はないか？
・ピーク時の需要を分散させて、需要を平準化させることはできないか？
・常にピークになるよう、需要を喚起する方法はないか？

ピーク時特性を把握し、適切な需要のコントロール、リソースコントロー

(4) スレッショールドの設定

スレッショールド＝限界点、閾値（しきいち）。

「これ以上は拡張できません」
「これ以上の需要や負荷には対応できません」

このように、現状のキャパシティを勘案した限界値を設定し、超えそうになったとき／超えたときの対応ポリシーをあらかじめ設定するコントロールも重要です。

> 例
> - 待ちのお客さんの列が一定の長さを超えたら（たとえば、お店に入りきらない長さになったら）、その時点でフロアスタッフが外に出て「受け付け停止」の案内をする
> - スタッフの残業時間が、2ヶ月連続で○時間を越えたら、増員を検討する
> - 会員数の MAX は200名。総会員数が150名、180名、190名それぞれを超えた時点で残りの受付可能会員数を Web サイトやポスターで告知し、残り5名になった時点で会員受付の案内を停止する

限界値に対して、需要やリソースが今どのような状況にあるのか？
それを把握するためには、やはり監視／測定⇒報告の仕組みが大事です。

(5) プロダクトライフサイクル

プロダクトライフサイクルとは、製品が市場にあらわれてから消えるまでのサイクルを次の4つの期間でとらえ、売上と利益の推移をカーブで示したものです。

1. 導入期　→　売上／利益ともに低い
   →コスト＝高い。先行投資
2. 成長期　→　売上／利益ともに緩やかに上昇
   →コスト＝中。量産効果が出始める
3. 成熟期　→　売上／利益ともにMAX。そして緩やかに下がりだす
   →コスト＝低。量産効果MAX
4. 衰退期　→　売上／利益ともに緩やかに下がりだす
   →コスト＝低

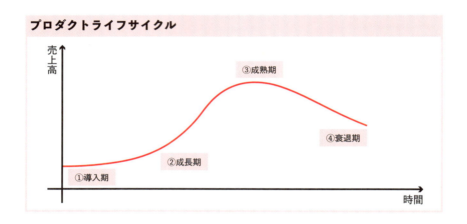

　いま、あなたが提供している業務やサービスが、どのステージにあるのか？
　これから需要が旺盛になり、拡大基調なのか？
　それとも、もはや下り坂なのか？

　現在位置を4つのステージでとらえて、拡大する／しないを判断してみましょう。

2-5

変化にスムーズに対応する
変更対応

　変化を予測あるいは察知していても、業務やサービス（およびその構成要素）を適切に変更できなければ、結局「運用でカバー」に陥ってしまいます。
　変更の提案、意思決定、テスト、実施など一連の活動を定義して、確実かつ効率よく実施する。そのために、変更のプロセスやルールを整えておく必要があります。
　また、変更には準備がつき物。

「牛丼バーガーを作るための調理器具、新たに買う必要がある？　それとも、いままでの器具で兼用できる？」
「牛丼バーガーを新たに発売開始するために、どんな準備が必要かしら？」
「会員情報データベースに、項目を追加したい。どんな影響があるのかしら？　既存のデータには何も手を加えなくて大丈夫かしら？」
「ソフトクリーム製造機、台数を増やして夏の旺盛な需要に答えたい。でも、ただ機械を発注して『はい、オシマイ』じゃマズイよね？」
「スタッフさんが5人増えることになった。ええと、何と何をそろえておけばいいだろう？　制服、バッジ、それから……顧客情報管理システムを使う、ライセンスも追加しないとだよね？」

　変更を実施するために、どんな活動および構成要素をそろえておく必要があるかを想定して対応しなければなりません。これら一連の活動を、「変更対応」と呼びます。
　変更対応は、日頃から取り組んでおきたい定常活動と、変更発生時にのみおこなう非定常活動に分かれます。以下、定常活動と非定常活動の例です。

定常活動と非定常活動

定常活動
1. 構成管理
2. 情報収集（変更の予兆把握）
3. キャパシティマネジメント／デマンドマネジメント

非定常活動
1. 変更管理
2. リリース管理
3. テスト計画と実施（正常系／異常系）
4. 移行計画

(1) 定常活動

1. 構成管理

　構成管理とは、業務およびサービスを提供するために使用する構成要素（ヒト・モノ・ルール・データ・プロセスなど）を一覧化し、管理する活動です。

「何をどれだけ増やせば／減らせばいいか？」
「既存の構成要素で兼ねられないか？」
「メンテナンスしておかなくていいか？」
「構成要素に影響を及ぼさないか？」

　そういったことを変更を検討する際に判断しやすいよう、構成要素をきちんと管理しましょう。
　構成管理をおこなうために、次の2つの作成および定期的なアップデートをオススメします。

①構成管理簿

　その業務やサービスの構成要素をリストアップした一覧。可能であれば、

業務やサービスごとに、構成要素の以下の情報を記述しておくといいでしょう。

- 管理番号
- 名称
- 数量
- 使用者（だれが使用しているか）
- 提供元や管理元（メーカー名など）
- バージョン（機械／ソフトウェア／ライセンスなどバージョン管理が必要な場合）
- 購入日
- 有効期限
- 状態（「使用中」「予備」「使用終了予定」「廃棄準備」など）
- 最終更新日
- その他、注意事項（メモ）

　意外と見落としがちなのが、バージョンや有効期限の管理です。たとえば、ソフトウェアライセンスであれば、ライセンス保守の有効期間を記録しておけば、保守切れを起こさないよう管理できます。機械などの設備であれば、購入日を記録しておけば「そろそろ買い換えないとまずい」「消耗品を交換しなければいけない頃だ」など、事前に対策をとることができ、故障などによる業務停止を防ぐことができます。

②構成管理ルール

　構成管理簿は、1回作ってオシマイではありません。構成要素の期限や状態の管理も構成管理の大事な目的の1つですから、定期的な棚卸しや見直し、すなわちアップデートをしないと意味がありません。

- 構成情報の棚卸し
- 構成管理簿の情報の最新化

　これらの活動を計画して実行しましょう。具体的には、担当者と作業内容

と日程を決めておくといいです。

　棚卸しと最新化をおこなう日程を決めておいて年間の業務スケジュール表にプロットし、朝礼や定例ミーティングなどで確認する運用にすれば、やり忘れを防ぐことができます。

2. 情報収集（変更の予兆把握）

　業務やサービスの変更につながりそうな、業務イベント情報（組織の統廃合、年度末決算処理など）および外部環境の変化（税制の変更、競合他社の動向、天候など）を、アンテナを立てて察知できるようにしておくのも、大事なマネジメントです。情報の収集を「たまたま」「気が利くメンバーのボランティア精神」だけに依存しないようにしましょう。くわしくは、第3章で解説します。

3. キャパシティマネジメント／デマンドマネジメント

　需要や業務量の増加／減少を把握し、キャパシティ（リソース）を増やして対応するか、あるいは需要（デマンド）をコントロールするのかを判断して実施する活動です。需要および業務量の予測は、2-3節で解説した監視／測定および報告、およびさきほど解説した情報収集を計画的におこなうことでカバーできます。

　増加する需要に答えようとするとき、どうしても人員などのキャパシティ（リソース）を増やそうと考えがちです（あるいは「残業と徹夜でがんばれ！」のような根性論に陥りがちです）。しかし、リソースには限りがあります。仮に予算が潤沢にあったとしても、すぐに人を採用したり、機械や情報システムを増強または配備できるとは限りません。したがって、需要（デマンド）をコントロールする発想ももっておきたいところです。

・オフピーク時のサービスを割引価格で提供する
・雨天時限定の商品を販売する
・繁忙期の料金を割高に設定する
・混雑する時間帯をアナウンスし、お客さんが空いている時間を選んで来店

しやすいようにする
・対応処置限界（スレッショールド）を越えたら、サービス提供を一時停止する
・完全予約制のサービスにする

　このような対応は、私たちが日々利用しているサービスでも日常的に目にしているでしょう。
　以上は、定常的におこなっておきたい変更対応です。ここからは、変更事由が発生する都度対応する、非定常的な活動について解説します。

(2) 非定常活動

1. 変更管理

　変更管理とは、新しい業務やサービスの開始、もしくは既存の業務やサービスおよび使用する構成要素を変更する際の手続きや承認ルールを定め、変更を確実かつ効率的におこなうための活動です。
　責任者やメンバーの思いつきで、業務やサービスの内容を勝手に変更してしまったら？　お客さんや取引先、あるいはメンバー同士のトラブルを生むでしょう。
　システムのデータベース構造や画面を、システム担当者が勝手にいじってしまったら？　既存のデータや関連するシステムに悪影響を及ぼすかもしれません。
　その結果、お客さんや取引先などの関係者、および組織のメンバーの信頼を失うことになりかねません。そうならないためにも、変更を評価して判断するプロセスが必要なのです。

①変更のトリガー（再掲）

　変更のトリガー（きっかけ）は、大きく次の4つです。

(a) ビジネスの方向性や方針の変化

(b) 外部環境の変化
(c) インシデント
(d) 問題

②変更を評価する

変更のトリガーを受けて、変更するかどうかを検討します。

「どのように提案するか？（提案の方法やルール）」
「だれが評価するか？（評価者）」
「いつ評価するか？（評価する会議体）」
「どのように評価するか？（評価の方法や判断基準）」

それをあらかじめ定義して組織内で合意しておけば、変更のやり方や観点がブレずにすみます。

③7つのR

7つのRとは、変更の妥当性を評価するのに役立つ7つの観点のことです。それぞれのアルファベットの頭文字をとっています。変更提案のフォーマットや、変更の評価基準に織り込んでおくといいでしょう。

- Raised → 変更を提起したのはだれか？
- Reason → 変更の理由は何か？
- Return → 変更によって得られる見返りは何か？
- Risk → 変更する場合（しない場合）のリスクは？
- Resource → 変更の実施に必要なリソースは？
- Responsible → 変更の構築、テスト、実施の責任者は？
- Relationship → この変更とほかの変更との関連は？

④変更管理のモデルフロー

以下、変更管理のモデルフローを示します。

変更管理のモデルフロー

ステップ	説明
1. 変更要求の起案	■要求するための方法（フォーマット、システムなど）や機会（会議体など）を決めておくといい。
2. 変更要求の受付と記録	■受付担当者、記録担当者を決めておく。変更要求および、変更活動の履歴は記録しておくこと。後にふりかえることができるように。
3. 変更の評価	■変更を評価する責任者、担当者、評価基準、会議体などを決めておく。 ■「7つのR」に沿って、変更の妥当性やリスクを評価する。
4. 変更の許可	
5. 変更の準備	
6. 変更の実施	
7. 変更のレビュー	■変更をふりかえり、成否判断、および学びを言語化して記録する。
8. クローズ	

2. リリース管理

　変更計画を実行に移し、実稼動させることを「リリースする」といいます。リリース管理とは、新しい業務やサービスを計画どおりに開始・定着させるため、もしくは既存の業務やサービスおよび使用する構成要素の変更をトラブルなく実施するための計画・活動です。

「牛丼バーガーを販売できる準備は整っているよね？　ほかに足りないモノはない？」
「POSシステムにデータは登録した？」
「そもそも、お客さんに案内したっけ？」
「会員サービスの内容を変更するのはいいけれど、会員へのサービス変更の周知はどうやるの？」
「新たに増設するソフトクリーム製造機。いきなり本番で使うのはリスクあるよね。テストしなくていいの？」

「そういえば、いままでの製造機と機種が違うみたいだけれど、操作マニュアルを作ってスタッフにトレーニングしておかないといけないよね……」

このような観点で、実際に新しい（または変更された）業務やサービスを実稼動させるための準備活動や資材に抜け漏れがないかをチェックします。

単にものがそろっているだけでは不十分。実際にそれらを使って業務やサービスを提供できるかが大事。スタッフ向けのマニュアルおよびトレーニング、お客さんへの周知、お客さんから問い合わせがあったときの対応方法、トラブル時の対応方法やポリシーなども、準備しておくにこしたことはありません。

①リリース管理のモデルフロー

以下、リリース管理のモデルフローを示します。

リリース管理のモデルフロー

1. リリース計画の立案
    - ■変更の許可（前項）を受け、リリース計画を立案する。（リソース準備計画、テスト計画、トレーニング・引き継ぎ計画、周知計画など）
2. リリースの評価
    - ■リリース準備項目に抜け漏れがないか確認する。リリースを評価する責任者、担当者、評価基準（チェックリスト）、会議体などを決めておくといい。
3. リリースの許可
4. リリース準備
5. テスト・トレーニング
    - ■場合によっては、リリースのテスト（シミュレーション）をおこない、リリース計画と準備に不備がないかを事前検証する。
    - ■変更された業務やサービスを提供できるよう、スタッフにトレーニングをおこなう。実際の運用を想定したテストも重要。
6. リリースの実施
    - ■リリースがうまくいかないと判断した場合、リリースを諦めて元の状態に戻す「切り戻し」判断も要検討。
7. 初期サポート
    - ■リリース後の初期トラブルや、初期問い合わせに対応する。（そのための体制備備も忘れずに）
8. リリースのレビュー
    - ■リリースをふりかえり、成否判断、および学びを言語化して記録する。
9. クローズ

②切り戻し

　何事にも想定外はつきものです。思いもよらないトラブルが発生し（あるいは抜け漏れが発覚し）、新しい業務やサービスを予定どおり開始できそうにないこともあるでしょう。それが、通常業務の提供に影響を及ぼす可能性もあります。

「牛丼バーガー。いよいよ明日から発売開始だけど、メニュー表の更新が間に合いそうにない。いったん準備をリセットして、発売開始日を延期しよう」
「会員情報管理データベースの項目追加。想定外の不具合が見つかり、改修に時間がかかりそうだ。調査と改修をしていると、明日のお店のオープン時間に間に合わず、通常営業に影響を与える。だから、項目追加を諦めて、とりあえず元に戻す」

　このような諦めの英断も大事です。
　リリースがうまくいかないと判断した場合、リリースを諦めて元の状態に戻す行為を「切り戻し」といいます。
　切り戻しを考慮する際、特に次の2点に注意が必要です。

・復元可能なよう、原状が記録／保存されているか？
・切り戻しを判断する時点、判断基準、責任者を決めているか？

「なんとなく、ヤバそうだから元に戻す」

　そのようないきあたりばったりのやり方では、必ず痛い目を見ます。

「前日の15時までに準備が計画どおり完了していなければ、その時点で切り戻す」
「切り戻せるよう、データのバックアップを取っておく」
「切り戻しのトレーニングやリハーサルを実施しておく」

　業務やサービスの重要度によっては、これくらいの準備を徹底しましょう。

- 新サービスや新しい業務。いつも開始時に、抜け漏れだらけ、トラブルだらけで、てんやわんやする
- 業務やサービスの変更。今までうまくいった試しがない

そのような組織は、ぜひリリース管理を取り入れてみてください。

(3) 運用テスト計画と実施

運用テスト＝本番環境で実際に運用が回るかどうかの検証（シミュレーション）です。

計画した、新しい業務やサービス（または変更した業務やサービス）が想定どおりうまく運用できるか？
新しく購入した機械やシステムを運用者が問題なくこなして、想定どおりのオペレーションができるか？
お客さんの対応をスムーズにできるか？
マニュアルに過不足はないか？

実運用を想定したテストパターンを計画して、実際に模擬オペレーションをします。そこで出てきた課題は、対策を検討します。
運用テストは、いわばリハーサル。「ぶっつけ本番」「運用でカバー」にならないよう、時に経験者の知見を借りて、テストを計画および実施しましょう。また、繰り返しになりますが、運用テストは可能な限り要件定義工程でおこなってください（P.55）。抜け漏れやイメージ違いの早期発見こそが、よりよい業務および情報システムを支えます。
ここからは、情報システム寄りの話をします。システムを使う業務のテストパターンを設計するうえで、意識しておきたい2つの概念があります。正常系テストと異常系テストです。

1. 正常系テストとは

通常の操作をした場合に、システムが想定した（仕様どおりの）挙動をするかどうかを確認するテストです。

2. 異常系テストとは

不正な操作や、想定外の値の入力をした場合の挙動を確認するテストです。

たとえば、会員情報システムのWeb画面の登録フォームに年齢を入力する項目があるとします（「半角数値のみOK」としたい）。

- 「18」「21」「90」などの半角数値の入力し、問題なく登録完了できることを確認する
  →正常系テスト
- 空欄のままにした場合、所定のエラーメッセージが返されて登録完了できないことを確認する
  →正常系テスト
- 「90」「四十」「男」「女」など、半角数字以外の文字を入力した場合、所定のエラーメッセージが返されて登録完了できないことを確認する
  →正常系テスト
- 計算式やコードを入力した場合の挙動を確認する
  →異常系テスト
- 入力の途中で、パソコンの電源プラグをひっこ抜いて強制シャットダウンする
  →異常系テスト
  （どのレベルを正常系、異常系と見なすかは、ケースによって異なります）

ハンバーガーショップの店舗の運営を考慮するうえでも、正常系と異常系の視点は重宝するかもしれません。たとえば、客席のテーブルを選定するとしましょう。

- ハンバーガーやドリンクを載せてみて、振動を加えたときにこぼれないかを確認する
  →正常系テスト
- 机の上に人が載ったときに、脚が折れて壊れないかを確認する
  →異常系テスト

　小さな子どもが親が目を離した隙に突然机の上に載り、テーブルの脚が折れた。
　その結果、子どもが怪我をしてしまった。

　そのようなトラブルは、ハンバーガーショップの実環境では十分起こりうるでしょう。「テーブルは、食べ物や飲み物や手荷物を置くところ」そのような正常系の発想だけでは、異常系のパターンは想像しにくいかもしれません。テストパターンを作成するとき、システムが正しく挙動することの確認行為にばかり意識が向いてしまい、異常系のパターンまで思いが至らないことがよくあります。しかしながら、実運用環境では、利用者はさまざまな想定外の行動をとるもの。

　とはいえ、どんな異常パターンを想定すればいいのか、経験の浅い人にはなかなかわかりません。テストについて解説した専門書を参照するか、「テスター」と呼ばれるテスト設計の専門家の知恵を借りるといいでしょう。ここでは、「正常系テスト」「異常系テスト」という言葉だけでも覚えておいてください。

4 移行計画

　従来使用していた情報システムを新しい情報システムに切り替えるときなど、旧システム→新システムへのデータの移し変えが必要かどうかを検討する必要があります。

「旧システムで登録したデータは見ることができません」

新しいシステムに切りかえる直前で発覚し、トラブルになるケースも少なくありません。

　　データの移行を想定していなかった
　→古いデータを移行できなかった
　→しかし、古いデータも業務上参照する必要がある
　→結局、新旧２つのシステムを併行運用することに
　→以前よりオペレーションが煩雑になった

……このような笑うに笑えない状態にならないよう、既存の業務を情報システムに載せ変える、あるいは情報システムを新しくする際は、必ず「移行が必要かどうか」を早めに確認するようにしましょう。
　移行計画の注意点については、都度システムの専門家に確認いただければと思いますが、ここでは最低限意識してほしいポイントだけを列挙します。

・データの移行を必要とするか？　しないか？（「しない」割り切りも時には大事）
・古いデータをどの程度（期間、世代、量など）バックアップしておくか？
・旧システムから移行されたデータと、新システムで新規に登録されたデータとの間には、どのような差があるか？
　（旧システムから移行された会員データには性別情報がない、など）
・その差は業務にどのような影響を及ぼすか？
　（性別で検索をかけたときに旧データは検索結果として返らない、など）
・移行テストやリハーサルは計画されているか？　実施したか？

2-6 臨時運用や新旧業務の併行運用を検討する
暫定運用／トランジション運用設計

(1) 暫定運用設計

　機械の故障、システム故障、原材料の供給不足、スタッフの欠勤……私たちは、さまざまなトラブルによって業務やサービスが止まるリスクも想定しなければなりません。業務やサービスを通常どおり提供できなくなる場合において、代替手段を用いてカバーするかどうか？　暫定運用の要否を検討して、必要に応じて設計しましょう。

例

・ソフトクリーム製造機が故障した
　⇒スタッフによる手作業でソフトクリームを提供する

・牛乳の供給が減少し、入手困難に
　⇒当面の間、豆乳でソフトクリームを作る

・支払いシステムがトラブルで停止。取引先への代金の支払いが不能に
　⇒当面の間、手作業で支払う

代替運用設計のポイントを4つ挙げます。

1. 暫定運用の要否判断
2. 手順書やマニュアルの作成

3. 訓練の実施
4. ログや証跡の記録の必要性

1. 暫定運用の要否判断

すべての業務に暫定運用を用意するのは、コストも手間もかかります。どの業務を優先扱いとし、どの業務に対し暫定運用をあらかじめ設計しておくのか、選別をおこないます。

第1章で定義した運用項目一覧を広げ、どの業務を暫定運用検討対象にするか協議して決めていくといいでしょう。

2. 手順書やマニュアルの作成

暫定運用を設計すると決めた業務に対し、暫定運用の具体的な手順やマニュアルを作成します（第1章で触れた、業務フローの作り方を参考にしてください）。

暫定運用の手順を作成するとき、特に次の2点に留意しましょう。

・開始条件　→　暫定運用を発動（開始）する条件
・終了条件　→　暫定運用を終了し、通常運用に戻す条件

一般的に、暫定運用は通常運用よりも手間がかかります。不慣れな対応をすることにより、スタッフのストレスやヒューマンエラーを発生させるリスクも高まります。

暫定運用の期間は、極力短縮したいもの。開始条件／終了条件を明確にし、だらだらと暫定運用を続けないよう配慮しましょう。

3. 訓練の実施

いざ暫定運用を開始するとなっても、なかなかうまくいかないもの。必要に応じて、暫定運用の訓練を計画して実施しましょう。避難訓練と同じ、備

えあれば憂いなしです。

4. ログや証跡の記録の必要性

　販売業務や支払い業務など、金品の移動やそれに関わる意思決定が発生する業務においては、「いつ」「だれが」「どんな作業をしたか」「だれが作業の開始や結果を承認したか」など行動の履歴（ログ）や証跡の記録が求められる場合があります。

　システムを利用しておこなう業務の場合、通常時はシステムが自動でログや証跡を記録してくれていますが、故障による代替運用時は、

・手作業で行動を記録する
・承認行為を紙の書類でもっておこなう
　（あらかじめフォーマットを定義して準備しておいたほうがいい）

など、何らかの別の方法で記録しなければならないケースもあります。暫定運用の期間中に、不正な行動がなかったことを証明できるようにするためです。

　代替運用の手順の妥当性や、ログや証跡を残す必要性の要否（および必要な対応レベル）については、監査部門や監査法人などの専門家に意見照会したうえで、適切に判断してください。

(2) トランジション運用設計

　従来の業務を新しいやり方に切り替える場合など、新しいやり方が浸透するまで、新旧の業務を併行運用させる場合があります。たとえば、紙のポイントカードを、スマートフォンなどを使った電子のポイントカードに切り替える場合、一定期間は並存を許容することはめずらしくありません。首都圏の交通系ICカードでも、しばらくの間、旧式の「バス共通カード」と「PASMO／SUICA」が併行運用されていました。

　一時的な併行運用はやむをえないものの、長きに渡るのは問題です。複数

のオペレーション体制およびサポートするための環境（システム、機械、メンテナンス部品など）を維持し続けなければならず、コスト要因になります。

① 旧業務の終了条件
② 旧業務のサポート期限、旧環境の保持期限

　これらを事前（事後でもかまいませんが）に決め、利用者などの関係者に周知し、理解を得るようマネジメントしましょう。If（〜の条件が満たされたら）、またはWhen（期日が到来したら）の2つの観点で、終了条件や期限を設定するといいでしょう。

1. If条件

・旧業務の利用者が100名を下回った月の翌月末で
・スペアパーツの販売をメーカーが終了した時点で
・現在の部品在庫がなくなった時点で
・そのスキルを持つ技術者が退職したら

2. When条件

・2019年12月31日を以って

　ただし、いずれのケースも、いきなり業務を終了すると不要なトラブルを生みます。前広にアナウンスをしましょう。上記の例に当てはめるならば、次のように事前予告をすることが、スムーズに業務を終了へと導くポイントです。

・旧業務の利用者が200名、150名になった段階でそれぞれ告知する
・部品在庫が10を下回った時点で告知する

　以上、業務の「おはようから、おやすみまで」を想定して設計するための6つのポイントを紹介しました。手始めに、あなたが今扱っている業務／シ

ステム／データ／資材／組織について、近い将来どんな変化が発生しそうか想像してみてください。その習慣こそが、「後で慌てない」「『運用でカバー』に依存しない」強い業務、強いシステムを生む第一歩です。

COLUMN
その業務・サービス・商品が、どんな「人生」を送るかを想像してみよう

「業務やサービスのライフサイクルを考えましょう」

そう言っても、なかなかピンとこないかもしれません。そこで、こう考えてみてはいかがでしょうか？

「その業務・サービス・商品が、どんな『人生』を送るか？」

"人生"なんて言うと大げさかもしれませんが、擬人化してみるだけで楽しく発想でき、よりリアルにライフサイクルを意識できるものです。以下に例を。

封筒に入れて送付する書類（郵送物）の人生

　頭紙とともに封入される
　⇒郵便ポストに投函される
　⇒配達される
　⇒相手に受け取られる
　⇒開封される
　⇒確認される
　⇒ファイリングされる
　⇒頭紙と封筒が捨てられる

この人生を眺めているだけでも、次のようなことに気づけるでしょう。

　・どこにどんな不便さがあるか？
　→配達しにくい大きさでは？

→ファイリングしにくい用紙を使用していないか？
→紙ごみを増やしてしまわないか？

・余計なトラップが潜んでいないか？
→郵送事故による紛失リスク
→宛先不明で戻ってくるリスク
→封筒といっしょに書類を破いてしまうリスク
など

　その結果、「書類と封筒をひとまわり小さいサイズに変えよう」「電子化しよう」など改善のアイディアが生まれることもあります。

牛丼バーガー（テイクアウト）の人生

包装される
⇒包み紙が汁でグシャグシャに
⇒包み紙を開けにくい
⇒手がベトベトで食べにくい
⇒包み紙を捨てるのも大変
⇒ゴミ箱の清掃も大変

　この牛丼バーガーの人生、あまりに惨めではありませんか？　牛丼バーガーが愛される人生を送るために、どんな工夫が必要か？　そんな想像をしてみるだけでも、サービス向上のためのヒントは得られます。
　業務もサービスも商品も、人といっしょ。いい人生を送れるよう、ライフサイクルを考えて設計しましょう。

ステークホルダーを巻き込む

コミュニケーション設計

この章で学習すること

1. 関係者を特定し、接点を作り、情報を授受する　　〜コミュニケーション設計
2. ユーザーをうまく味方につける　　〜ユーザーエクスペリエンス設計
3. 過度に期待させない／適度に期待してもらう　　〜期待値コントロール

「苦心の末、ようやく牛丼バーガーが完成した。晴れて発売開始！
でも、お客さんに気づいてもらえない。だれも買ってくれない……」
「テイクアウトするお客さんがほとんどいない。
もしかしたら、テイクアウトできることを知らないのでは……」

どんなにいい業務やサービスを始めたとしても、
その存在が知られていなければ価値は発揮できません。
業務、サービス、商品の存在がお客さんに伝わっていない。
使われない、買ってもらえない──
それでは、せっかくの立ち上げの努力も水の泡。
あるいは、こんなケースも。

「季節限定の、ふわふわカキ氷ソフトクリーム。
オーナー、もっとPRしてくれてもいいのに……」
「は、会員特典のプレゼントですか？
は、はい、確認しますので、少々お待ちください……
（えっ、ウチのお店、そんなキャンペーンやっていたの？）」

経営者や従業員などの、いわゆる「中の人」が
業務やサービスの内容を知らない。存在すら認識していない。
それでは、売りたいものも売れません。
控えめに言って、大変もったいない！
提供者、運用者、利用者など業務やサービスに関わる人たちのことを
「ステークホルダー」といいます。
私たちは、関係するステークホルダーに適切な情報を提供し、
求める行動を促す必要があります。
この章では、ステークホルダーに対して
どのようなコミュニケーションをしていくか、
コミュニケーション設計について学習します。

3-1 関係者を特定し、接点を作り、情報を授受する
コミュニケーション設計

　コミュニケーション設計をおこなううえで、分析および定義してほしい4つの項目があります。To whom、Where、What、How です。

- To whom → だれに
- Where → どんな機会を捉えて
- What → なにを発信し
- How → どう行動してほしいのか？

　業務やサービスのコミュニケーション設計とは、この4つを見直す取り組みといっても過言ではありません。

コミュニケーション設計で必要な4つの項目

以下、3つのステップで必要なコミュニケーション活動を設計します。

(1) ステークホルダーの特定
(2) タッチポイントの設計
(3) コミュニケーション活動の計画／実施

(1) ステークホルダーの特定

あなたが運営する業務やサービスを、だれに知ってほしいのか？ 業務やサービスを取り巻く、関係者（＝ステークホルダー）を特定します。

ハンバーガーショップの店長であるあなたに、1つ質問です。

質問
新商品、牛丼バーガーの発売を知ってもらいたい相手はだれですか？

「そんなの、お客さんに決まっているでしょう！」

おやおや、本当にお客さんだけですか？
原材料や資材を納入してもらっている、お取引先の人たちも興味を持って買ってくれるかもしれないですよね。
地域のメディアの記者に知ってもらえれば、おもしろがって記事にしてくれるかもしれません。
そういえば、牛丼を調理するときの匂いへの配慮は大丈夫そうですか？ 発売初日に多くのお客さんが詰めかけて列をつくったとしたら？ 近隣のお店に、ひと言ことわっておいたほうがいいかもしれません。
もちろん、「初日は忙しくなると思うけれど、よろしく！」なんてひと言をスタッフにもかけておいたほうがよさそうですね。
このように、ステークホルダーは直接その業務やサービスの価値を享受する／提供する人たちのみならず、間接的に関わる人たち、および「知っておいてもらったほうがいい」外部協力者なども含めて考えるといいでしょう。
自分たちの頭の中だけで、思いつきベースで挙げていては「抜け」「漏れ」

が生じます。あるいは、巻き込んでおいたほうが意外なメリットをもたらしてくれる意外な人（先の例では、地域のメディアの記者など）の存在に気づけず、チャンスを逃すことがあります。

次の図はステークホルダーの例です。この図をもとに、ステークホルダーを想像してみましょう。

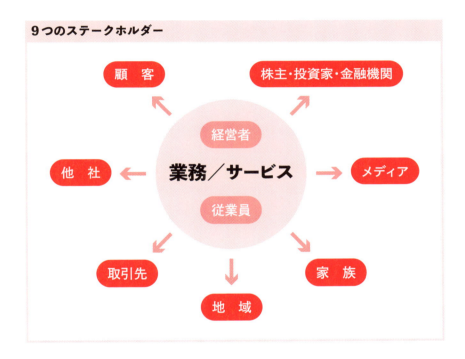

9つのステークホルダー

1. 顧客

業務やサービスを利用するお客さんです。必要に応じて、以下のようにセグメンテーションして、必要なコミュニケーションを設計します。

・既存顧客
・潜在顧客

- 会員
- 非会員

- 優良顧客
- 自社ファン
- 一般顧客

- 管理者（BtoBの企業向けサービスを提供する場合における、顧客企業の管理者や予算元）
- ユーザー（BtoBの企業向けサービスを提供する場合において、実際にそのサービスを利用する一般利用者）

　あなたの組織が、社内にサービスを提供する組織である場合（経理部門、情報システム部門、品質管理部門、経営企画部門など）は、そのサービスを利用する内部の人（自社社員、グループ会社社員、経営者、特定の部署など）を顧客として想定するといいでしょう。

2. 株主・投資家・金融機関

　業務やサービスの運営に対してお金を提供してくれる外部スポンサーも、重要なステークホルダーです。これら外部スポンサーに自社の取り組みや課題を知ってもらい、より協力的な支援を受けられるようにするのも、大事なコミュニケーションマネジメントです。

3. 経営者

　経営者＝業務やサービスの運営に対してリソースを提供してくれる、内部スポンサーです。必要な協力が得られるよう、経営者に対する積極的なコミュニケーションも欠かせません。
　また、メディア出演、株主・投資家・金融機関への説明、業界団体の会合、地域イベントなど、外部接点が多いのも経営者の特徴です。業務やサービスの存在や現状をインプットし、これらの外部接点を活用して情報発信しても

らうようマネジメントしましょう。

4. 従業員

　業務やサービスを運営する、中の人たちです。中の人たちへの情報共有は最も大事。知らない業務やサービスは、外部のステークホルダーに提供できないですし、PRもできません。

「聞いていない！」
「お客さんから聞いてはじめて知った……」

　などとなっては、組織の内部の信頼関係にも影響します。必要に応じて、「管理職」「一般社員」「派遣社員」などに分類し、

「どんな情報を提供したらいいか？」
「参考レベルでも知っておいてもらったほうがいい人はいないか？」

　を詳細設計してください。

5. メディア

　新聞、テレビ、業界誌、地域向けのWebサイトなど、パブリックメディアの記者や編集者も大切にしたい外部ステークホルダーです。自社の業務やサービスをメディアで紹介してくれる可能性があるのはもちろん、思わぬ協業パートナーとつないでくれたりと、その業務やサービスの発展につながる協力をしてくれることがあります。
　あなたの組織が、社内にサービスを提供する組織である場合、広報部門をメディアととらえてもいいかもしれません（広報部門は、社内報などを通じて社内にニュースを周知してくれる人たちですから）。

6. 取引先

　サプライヤーやベンダーなど、業務やサービスに使う物品や資材、および人的リソースを提供してくれる取引先です。取引先は、顧客にもなりえる大切な外部協力者です。

　最近では、以下のような影響力のある人をいかに巻き込むかも、重要なコミュニケーション戦略です（この三者は、顧客に分類するか、別のカテゴリーで分類してもいいかもしれません）。

・インフルエンサー
　→世間一般および特定の業界や技術領域などで、発言に影響力のある人

・エバンジェリスト
　→技術、文化、製品などの普及、啓蒙をおこなっている人

・アーリーアダプター
　→新しい製品やサービスをいち早く利用し、流行を作る人

7. 地域

　当該自治体や近隣住民、地元の学校の学生、官公庁など、地域も忘れてはならないステークホルダーです。事前に業務やサービスの内容を周知して、理解を得ておかないと、後々トラブルを招く場合もあります。逆に、きちんと巻き込んでおけば、強い協力者になりえます。

8. 家族

　従業員や取引先の家族も、大事なステークホルダー。家族の協力がなければ、あなたの組織はいい業務やサービスを運営できません。また、家族は時に顧客や外部協力者にもなりえます。

9. 他社

　同業界の他社、競合他社、異業種の他社など、ほかの会社もステークホルダーになりえます。最近では、異業種あるいは競合他社とすらコラボレーションして、相乗効果で自社の業務やサービスの価値を上げる取り組みはめずらしくありません。たとえば、鉄道業界では、最近、関西と関東の私鉄会社が提携し、会社を越えた転職がしやすい仕組みを整備して話題になりました。従業員が、配偶者の転勤や親の介護などで転居しなければならず、今の勤務先を辞めざるをえない場合、転居先で再就職しやすくする取り組みです。このように、会社間でリソース（ここでは人的リソース）を安定確保しあう取り組みも生まれ始めています。会社の垣根を越えた勉強会やコミュニティなどに参加し、情報を共有しあう活動も、今後はより重要になるでしょう。

　この図を広げて、「ステークホルダーに見落としはないか？」「ほかに意識しておいたほうがいいステークホルダーはいないか？」を議論してみてください。

(2) タッチポイントの設計

　ステークホルダーとの接点を「タッチポイント」といいます。

　あなたの会社、あるいは業務やサービスとステークホルダーとの間には、どんな接点があるでしょうか？
　どんな接点を作れば、業務やサービスの存在や変化をよりよく知ってもらえるでしょうか？

　既存のタッチポイントを見直し、足りない接点を特定して設計します。

タッチポイントの例

ステークホルダーとのタッチポイントの例を紹介します。

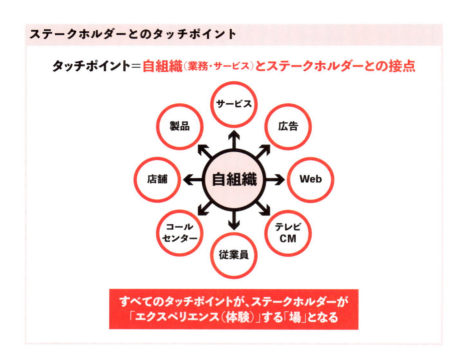

①サービス

あなたの組織が提供する業務やサービスそのものを通じて、ステークホルダーはその業務やサービスを見聞および経験します。

②広告

新聞や雑誌の広告やチラシ。業務やサービスの認知を上げるために有効な手段の1つです。

③Web

最近では、インターネットも有力なタッチポイントです。Webサイトのみならず、SNSなどのリアルタイムかつインタラクティブ（双方向型）な

コミュニケーションツールの活用も検討したいです。

④テレビCM

　テレビ（またはラジオ）を使ったCMも、一般大衆向けのタッチポイントであり、コミュニケーションツールの1つです。

⑤従業員

　従業員を介して業務やサービスをステークホルダーに知ってもらうのも1つの方法です。従業員の服装やふるまいによっても、その企業が大切にする世界観や、サービスに込めた価値観や方向性（シニア向け、ファミリー向け、若手向けなど）をステークホルダーに非言語で伝達できます。

⑥コールセンター

　コールセンターやヘルプデスクも、重要なタッチポイントの1つです。問い合わせやクレームを利用者から受ける機会を利用して、業務やサービスに関する最新の情報を提供したり、快適に利用してもらうための情報を提供できます。また、対応次第では、クレーマーをファンに変えるチャンスもあります。

⑦店舗

　お店、事務所、工場など、業務やサービスを生み出す事業拠点もタッチポイントです。工場見学などのフェアを開催して、ステークホルダーに対して業務・サービスを生み出している場に触れてもらったり、開発者トークイベントなど「中の人」と触れる機会を作る企業も増えてきました。

⑧製品

　もちろん、製品そのものもタッチポイントです。

　すべてのタッチポイントが、ステークホルダーが「エクスペリエンス（体験）」する「場」となります（エクスペリエンスについては、次項で説明します）。

あなたが提供する業務やサービスにおいて、不足しているタッチポイントはないか？
　生かしきれてないタッチポイントはないか？

　見直してみてください。

タッチポイントの役割２つ

　タッチポイントには２つの役割があります。

①アウトプットするタッチポイント

　アウトプット＝出力。運用者が、業務やサービスに関わる情報をステークホルダーに発信するためのタッチポイントです。

> **例**
> ・テレビ CM で、新店舗のオープンを宣伝する
> ・店舗にのぼりを掲げて、牛丼バーガーの発売を知らせる
> ・レジのスタッフが「新発売のソフトクリームもごいっしょにいかがですか？」とお客さんにオススメする

②インプットを得るタッチポイント

　タッチポイントの役割は、アウトプットをするためだけではありません。ステークホルダーから情報や反応をもらう（拾う）、すなわちインプットを得る意味合いもあります。

> **例**
> ・コールセンターに、利用者から改善要望をもらった
> ・駐車場にカメラを設置し、事務所のスタッフが混雑状況を把握して Web サイトで顧客に周知できるようにした
> ・取引先から、新しい食材を知った

　また、地域の情報を得るための、タッチポイントの設定と活用も、業務・

サービスの改善に大きく貢献します。

> **例**
- 地域情報のWebサイトで、新たなハンバーガーショップが近々出店することを知った
⇒ 差別化するための新サービス、新商品を検討しよう！

- 地元の新聞が、最寄り駅を発着する特急列車から車内販売サービスの廃止を報じている
⇒ 列車に持ち込みやすい、テイクアウト商品を開発して拡販するチャンス！

タッチポイントを設計するとき、①に発想が偏りがちです。②も忘れずに、あなたの業務・サービスの価値を向上させるためのインタラクティブ（双方向型）のタッチポイントを意識しましょう。

(3) コミュニケーション活動の計画／実施

ステークホルダーを定義し、タッチポイントを設計したら、次に具体的なコミュニケーション活動の内容を設計します。宣伝する、案内する、広めてもらう、感想や意見をもらう……これらはすべて、コミュニケーション活動です。

コミュニケーション活動を計画する時、大きく「向き先」と「内容」の2つを考慮しましょう。

1. 向き先（＝だれに発信するか？）
2. 内容（＝何を発信するか？）

1. 向き先

コミュニケーション活動の向き先は、大きく2つあります。外向きのコミュニケーションと、内向きのコミュニケーションです。前者を「エクス

ターナルコミュニケーション」、後者を「インターナルコミュニケーション」といいます。

①エクスターナルコミュニケーション

　顧客、利用者、一般消費者、地域、取引先、株主など、外部ステークホルダーに対するコミュニケーションです。

> **例**
> ・Web広告
> ・テレビCM
> ・ラジオCM
> ・TwitterなどのSNSによる情報発信
> ・新聞の折り込み広告
> ・チラシ
> ・のぼり
> ・販売プロモーションイベント
> ・会員限定イベント
> ・スポンサーイベント
> ・モニターイベント
> ・体験会
> ・技術イベント
> ・ユーザーズミーティング
> ・広報誌
> ・IR活動
> 　など

②インターナルコミュニケーション

　従業員、経営者など内部ステークホルダーに対するコミュニケーションです。

> **例**
> ・朝礼やチームミーティング

- イントラネット
- 掲示板
- ホワイトボード
- デジタルサイネージ
- 社内報
- 社内SNS
- グループウェア
- タウンホールミーティングなどを通じた情報共有

　業務やサービスを知ってもらううえで、あるいは効率よく進めるうえで、だれに、どんな働きかけをすればいいのか？
　利用者や協力者をどのような行動に導けばいいか？
　どんな反応やフィードバックを得たいか？

「外」と「内」、双方の視点で検討してください。

2. 内容

　そもそも情報の受け手に何を知ってもらい、どう行動してほしいのか？
　あなた（たち）が発信したい情報は、大きく2つのカテゴリーに分けて考えてみるといいでしょう。

①目先の行動を促す情報
- 注意喚起
- トラブル情報
- 混雑状況のお知らせ
- 現在おこなわれているイベントやキャンペーンの情報
（時間限定の半額セールなど）
　など

②将来の行動を促す情報
- 業務・サービス運営組織のビジョンやミッション

- ポリシー
- 大切にすること
- 未来におこなわれるイベントやキャンペーン（来月開催される1周年記念イベントなど）情報
- 計画されているシステムメンテナンスや工事の情報、混雑予測の情報

「見えない状態」は、その業務やサービスの利用者を不用意に不安にさせて、適切な行動に誘導できなかったり、不用意なクレーム行動を誘発します。適切な相手に、適切なタイミングで、適切な手段で、適切な情報を提供する――そのようなコミュニケーション設計は、業務・サービスの価値向上に欠かせません。

COLUMN

情報は下手に加工せず、そのまま出したほうがうまくいく場合もある

　業務やサービスに関する情報は、サービス提供者や運用者が手間ひまかけて作文して、加工して利用者に発信しようとしがちです。しかし、内容によっては、むしろ階層的および段階的に加工して発信しようとせず、そのまま出したほうが、信頼され、無駄な時間やコミュニケーションコストがかからないケースもあります。

　ある企業では、社内システムの運転状況を、内部のシステム運用者がやりとりするメッセージ（の一部）そのままポータルに公開。それにより、異常の有無を即時に利用者に周知でき、無駄なクレームや問い合わせが減ったといいます。

　Twitterなど、世の中で広く利用されているコミュニケーションプラットフォームを利用するのも、情報の伝達速度と精度を上げる工夫の1つです。最近では、鉄道の運行情報など、事業者がTwitterで簡易に発信することで、最新情報をいち早く利用者に伝える取り組みも普及してきました。Twitterであれば、利用者がその情報をリツイート（引用）しやすく、最初の情報に利用者が最新の状況を付加して発信する（「○○駅、運転再開した模様です」「△△駅、入場規制しています」など）動きがしやすくなります。汎用的かつオープンなコミュニケーションプラットフォームを利用することで、情報の迅速な発信を利用者に委ねることもできるのです。

　トラブル情報（列車遅延など）も、下手に階層的および段階的に加工して発信しようとせずに、ユーザーにそのまま出したほうが、信頼されるし、無駄なコミュニケーションコストもかかりません（Twitterで発信。既存のプラットフォームを使うことで、可用性も高まる）。

3-2

ユーザーをうまく味方につける
ユーザーエクスペリエンス設計

　業務やサービスを提供するとき、その業務やサービスを利用する人、すなわちユーザーを巻き込んで理解者や協力者にすることができたら、運用はラクになります。コミュニケーションコストも労力もかからず、その分運用者はさらに付加価値を高める業務にリソースを費やすことができます。

　加えて、ユーザー自身が自ら、サービス提供者が想定しなかった新たな価値や世界観を発見し、ファンになり、そして新たな理解者やファンを連れてきてくれることがあります。

「牛丼バーガーのおいしさ。提供者や店員が特に説明しなくても、お客さんが勝手に発見して、拡散してくれる」
「牛丼バーガーの食べ方。提供者が想定していなかった、独自の食べ方をユーザーが開発し、SNSで広めてくれた」
「最近リニューアルしたグループ席。どうやら読書しながらの会話に適しているようで、お店に居心地のよさを感じてくれた会員さんが友達を連れて頻繁に来店してくれる」

　コミュニケーションコストが下がるばかりか、あなたの業務・サービスの価値そのものも上がります。

　このような連鎖を期待するには、提供者がとやかく内容を説明するより、ユーザーにてっとり早くその業務やサービスを体験してもらうのがベスト。「百聞は一見に如かず」です。

　製品やサービスを使用することで、実際にユーザーが得る体験を「ユーザーエクスペリエンス」といいます。ここでは、業務やサービスの提供者が

ユーザーエクスペリエンスをどう創出していくか考えてみましょう。

(1) ターゲットユーザー／ファーストユーザーの特定

「だれに優先的に、その業務やサービスを体験してもらいたいか？」
「だれが最も、その業務やサービスを利用するか？」
「自社の業務やサービスを最初に体感してもらって、ファンになってもらいたい人はだれか？」

このように、メインターゲットとする利用者（＝ターゲットユーザー）を想定し、かつ先行あるいは優先的に業務・サービスを利用してもらい（＝ファーストユーザー）、フィードバックをもらいます（あるいは反応を調査します）。

あなたの業務やサービス。日々、さまざまな層のユーザーが利用することでしょう。たとえば、ハンバーガーショップには、出勤途中や出張中のビジネスパーソン、主婦、部活帰りの中学生や高校生、地元の大学生、高齢者などさまざまな人が来店するでしょう。休日ともなれば、子ども連れのファミリー層で賑わうことも想定されます。

幅広い層をターゲットユーザー／ファーストユーザーにすえるのもいいですが、層によって反応がさまざまで、収拾がつかなくなる可能性もあります。すべての人の声を叶えようとして、結局サービスの軸が定まらなかったり、業務フローのパターンが増えて煩雑になり、結局だれのためにもならない残念な業務になってしまうこともあります。可能な限り、優先するターゲットを決めましょう。

あなたが運営することになる、新しいハンバーガーショップの立地は郊外。国立大学の理工学部があり、キャンパスライフを送る大学生で賑わっています。また、日中を中心に小さな子どもを連れた主婦の往来が目立ちます。近くには、幼稚園と保育園が点在。午後になると、子どものお迎えらしき主婦たちが道端や公園で立ち話をしています。そこで、次の2者をターゲットユーザー／ファーストユーザーにすえることにしたとしましょう。

・大学生
・子ども連れの主婦

(2) ターゲットユーザーの行動パターンの想定

　ターゲットユーザーを決めたら、手っ取り早く業務やサービスを体験してもらうのもありです。

・開店日より前に、大学生だけを集めたプレオープニングイベントをやる
・主婦を対象にした試食会やモニターイベントを実施する

　すでに運用を開始している業務・サービスであっても、「大学生の会員限定で、新発売の牛丼バーガーの体験キャンペーンをやる」といったこともできます。
　いずれにせよ、可能であればターゲットユーザーの行動パターンを想定しましょう。

「ターゲットユーザーは、どんな行動特性があるのか？」
「その業務やサービスを体験した後にどんな行動をとるか？」

　など。

ターゲットユーザーは、どんな行動特性があるのか？

・この地域の大学生も主婦も、スマートフォンなどのモバイルデバイスをあたりまえに使いこなしている
・学部は理工学部。ほとんどが理系の学生。ITリテラシーが高い。ITアプリを率先して使いこなす。自身の体験を積極的にブログやSlackなどで公開して共有するカルチャーがある
・この地域の子ども連れの主婦は、LINEを使って友達と連絡を取りあって仲間同士集まっているようだ

- 子ども連れの主婦は、幼稚園や保育園への子どものお迎え時間前後の居場所を探している様子だ

その業務やサービスを体験した後にどんな行動をとるか？

- 大学生は、製品の写真や感想をブログにアップして拡散してそうだ。特に、理工学部の学生は自分なりの食べ方を開発して発信してくれそうだ
  - →「牛丼バーガーをテイクアウトして、お茶漬けにして食べてみた」
    「噂の牛丼バーガーを、すき焼き風にアレンジしてみた」
    など
- 大学生は、飲食しつつ、スマートフォンやノートPCを充電しながらレポートを書いたり、調べ物をする
- 主婦は、来店後、スマートフォンのカメラで店内外の目印を撮影〜「このお店に来て！」など集合場所を示してほかの友達に声をかけそうだ
- 主婦は、来店直後の幼稚園・保育園のお迎えの待ち時間で、仲間同士、お店の商品やサービスについて、口コミで話題にしてくれそうだ
- 主婦は、お店の商品やサービスを気に入ってくれれば、土日に家族全員で来店してくれそうだ

　この想定をもとに（あるいはこれらの行動を観察しながら）、業務やサービスの提供方法やサービスレベルを改善します（これは、第2章で解説したライフサイクルデザインの一環ととらえることもできます）。

(3) ユーザーインターフェースの工夫

　ユーザーインターフェースとは、コンピュータや機械装置と利用者との間で情報をやりとりするための接触点をいいます。操作画面、操作スイッチ、ボタンなどが、ユーザーインターフェースのわかりやすい例でしょう。転じて、利用者に業務やサービスを知ってもらう、利用してもらう、期待する行動を促すための、商品そのものの形状、案内表示、お店の動線なども、ユーザーインターフェースととらえることができます。

たとえば、ピーク時にレジ前に長蛇の行列ができる飲食店。川の流れのような線を床にペイントしたところ、お客さんは自然にそのペイント部分に沿って並ぶようになりました。この工夫により、列の長さが店外にまで及ぶことなく、周辺のお店に迷惑がかからなくなったそうです。

　あなたは、お店に来店した子ども連れの主婦を観察し、次のような改善を図ることにしました。

主婦の行動①

　お店の場所や店内での居場所（確保した座席の位置）を、LINEなどのメッセンジャーで後から来る友達に連絡する

改善案

- 目印が必要。イメージキャラクター（白くまなど）を作り、イメージキャラクターの人形をお店の前に設置する
    - ⇒白くまの人形を撮影し「これがいるお店！」と写真つきでわかりやすく案内できる
    - ⇒あるいは「白くまがいるお店！」のひと言で案内しやすい

- 店内のボックス席の真上（天井）にそれぞれ色違いの模様をペイントする
    - ⇒「緑色のところ」「黄色の下」など、色で居場所を案内しやすい
    - （床下だと遠くから見えないので、天井にペイントすることとする）

主婦の行動②

　お昼の混雑時など、先に来店した1人が、これから来る友達に「あなたの分も先に頼んでおくけれど、何にする？」と、メニューを電話やLINEで確認するシーンが目立つ

改善案

- 商品名をシンプルあるいは覚えやすい特徴のある名前にする
    - ⇒お客さんが記憶および想起しやすく、その場にいない相手にも伝達しやすい

- レジ上またはレジ前に大きなメニュー表を掲示。商品の写真を添えて番号もふる
  - ⇒その場で撮影して友達に送付。番号で注文したい品を確実かつ迅速に聞ける
  - ⇒ただし、混雑時にレジの前でそれをやられると混雑の原因に。ほかのお客さんに迷惑がかかる／本人もまわりに気を遣ってできない

- レジのみならず、お店の入り口にもメニュー表を掲示する

続いて、20代くらいの観光客と思しきお客さんの行動を観察し、次のような改善を試みました。

観光客の行動

スマートフォンで、テーブルに届いたバーガーやドリンクを撮影して、SNSに投稿している。

その際、店名を聞かれることが多い。通りがかりにたまたま見つけて来店したお客さんは、店の名前まで意識していないようだ。

改善案

- メニューやコースターに店名を入れる
  - ⇒お客さんが迷うことなく、店名をSNSに投稿できる

- FacebookやTwitterに店のアカウントや情報を登録する
  - ⇒お客さんにタグ付けして投稿してもらえる。お店をより多くの人に知ってもらえる

- より多くの人に知ってもらいたいキャンペーン商品については、ハッシュタグ（#）を頭につけた商品名をメニューや座席付近の黒板に示す（「#夏限定牛丼バーガー」など）
  - ⇒お客さんに、写真をハッシュタグつきでSNSに投稿してもらえる。キャンペーン商品の情報がSNSで拡散されやすい／SNS利用者が検索しやすい

「その場にいない第三者に、その業務やサービスの存在や内容をいかに説明しやすいか？」

これは、業務デザイン上、きわめて重要な視点です。ユーザーインターフェースを変えただけで、無駄な問い合わせやクレームがなくなり、ユーザーが心地よく業務やサービスを利用できるようになった例はたくさんあります。問い合わせやクレームが減れば、運営する人たちの工数やコミュニケーションコストも抑えることができます。

(4) ユーザーの育成

これらのターゲットユーザーあるいはファーストユーザーを、自社の業務やサービスのよき理解者、あるいはファンとして育てていきましょう。

ファンは、運用者の大きな味方です。運用者に代わって、業務やサービスの価値や利用方法を代弁してくれたり、新たなお客さんを連れてきてくれたり、混雑緩和など運用者に協力してくれますから。運用の一部に参画してもらうことで、エンゲージメント（その業務やサービスに対する帰属意識、愛着、誇り）を高める効果もあります。よって、積極的に情報を提供し、ときには業務やサービスを設計する工程に巻き込んでいきましょう。

1. アンバサダー／エバンジェリスト

アンバサダー＝大使。エバンジェリスト＝啓蒙者。自社の業務やサービスをよく理解し、価値や使い方を広めてくれる人のことをいいます。

協力的なファーストユーザーを、企業がアンバサダーやエバンジェリストに認定して特典を提供したり、アンバサダー／エバンジェリストに商品やサービスの活用事例を発表してもらうユーザーミーティングやイベントを開催している企業もあります。

2. サービスの協創者

協力的なユーザーを、業務やサービスをともに作る仲間として巻き込むやり方です。優先的に情報を提供したり、製品やサービスの開発など「中の人たち」の業務プロセスに参画してもらうことで、ユーザーのその企業・製品・サービスへの帰属意識（エンゲージメント）が高まります。作り手／運用者／ユーザー、この3社がともに成長できるメリットもあります。

ただし、巻き込むユーザーの見極めが重要です。

「ターゲットとする（したい）ユーザーの声を代弁してくれているかどうか？」

それを見誤ると、単に個人的な主観や細かい要求だけをしてきて、業務やサービスの健全な運用をむしろ妨げるノイジーマイノリティに振り回されることなります。

3.「中の人」

意外と忘れがちなのが「中の人」、すなわち運用者自身の存在。すなわち、あなたの仲間です。業務やサービスを提供する人こそが、その業務やサービスの最大の理解者でなければなりません。商品やサービスに愛着を持って接してくれれば、説明やユーザーへの対応にも力がこもります。

「中の人」を蔑ろにしていませんか？　社員やアルバイトスタッフ、取引先、そのような業務・サービスの運用に関わる人たちにこそ、先行して情報を共有し、先行利用してもらい、ときには「開発者秘話」「運用裏話」なども話して、プレミアム感を持ってもらう——それが、エンゲージメント（帰属意識や愛着）を高め、よりよい業務やサービスの提供に寄与します。

COLUMN

カスタマージャーニーマップ

「カスタマージャーニー」という概念があります。直訳すると「顧客の旅」。ユーザーが商品やサービスを認知し、購入し、購入後の行動（口コミ・レビューなど）に至るまでの一連の行動（旅）を分析する考え方です。

カスタマージャーニーを図式化したものを「カスタマージャーニーマップ」といいます。以下、イメージです。

カスタマージャーニーマップ

認知・関心 → 情報収集 → 比較 → 検討 → 購入 → リピート → 拡散

ユーザーの一連の行動を想定するために、カスタマージャーニーマップを活用するのもオススメです。くわしくは、専門書を参考にしてください。

3-3 過度に期待させない／適度に期待してもらう
期待値コントロール

　どんな業務／サービスにも、できることとできないことがあります。未来の顧客や利用者に過度に期待させてしまうと、満足の低下を招きますし、無駄なクレームや手戻りを発生させることに。よって、運用者は自分たちの「できること」「できないこと」を適切に設計および調整し、適切にステークホルダーとコミュニケーションをとっていく必要があります。

　ステークホルダーからの期待を調整する取り組みを「期待値コントロール」といいます。

(1) リソースの把握

（第1章ふたたび）現在の運営リソース（資源）を把握し、どのレベルで業務やサービスを提供できそうかを考えます。リソースとは、大きく5つありましたね。ヒト、モノ、カネ、情報、場です。

(2) サービスレベルの設定

（第1章ふたたび）リソースを勘案し、業務ごとあるいはサービスごとのサービスレベルを確認あるいは設定します。

「牛丼バーガーは、1日100食しか提供しない」
「ソフトクリームは、あくまでおまけ。機械が壊れたら提供しない」

「最も混雑する11時30分〜14時の間は、デリバリーサービスはおこなわない」
「清掃作業を省力化したい。よって、全面禁煙にする」

　このように、リソースにあわせて業務・サービスの提供レベルを調整します（もちろん、リソースを増やしてサービスレベルを上げる検討をする場合もあります）。

(3)「できないこと」の明示

　ステークホルダーに過度な期待をさせないためにはどうしたらいいか？
　手っ取り早く、サービスレベルを公開するのがいいでしょう。その際、「できないこと」を明示するのも一考です。

「混雑時間帯は、デリバリーサービスはおこないません」
「スタッフが夏休み中につき、運営の人手が足りません。トレイの返却は、セルフサービスでお願いいたします」

「できないこと」の公開は、一見ネガティブにとらえられがちですが、限られたリソースでベストなサービスを提供するには前向きなやり方といえるでしょう。
　また、伝え方次第でイメージも変わります。

例

「レジのスタッフの人員不足により、混雑時間帯は注文をお受けするまでお待たせいたします。ご協力をお願いいたします」
　↓
「事前にメニューをご覧いただき、注文を決めておいていただけると、お待たせせずにスムーズに対応できます。ご協力をお願いいたします」

　これからの時代、何事においても他者とのコラボレーションが欠かせませ

ん。「中の人たち」だけでがんばろうとせず、積極的にステークホルダーとの接点を作り、ステークホルダーを巻き込み、よりよい業務やサービスの提供を目指しましょう。

PART 4

あたりまえの業務を、あたりまえに提供できるようにする

オペレーションマネジメント

この章で学習すること

1. 「割り込み」「トラブル」をマネジメントする　〜インシデント管理
2. 「割り込み」「トラブル」が二度と起こらないようマネジメントする　〜問題管理
3. 業務の山谷を見える化する　〜運用スケジュール策定と実施
4. 必要な業務／不要な業務を見極める　〜業務棚卸し

どんな業務・サービスにも「割り込み」や「トラブル」はつき物。

ゼロにできれば理想ですが、相手もあること。

完全になくすのは現実的でありません。

「割り込み」や「トラブル」に、いかに迅速に対応するか？

なおかつ、二度同じトラブルを起こさないための対策を

検討して実施できるか？

それを仕組みで回すことのできる組織は、

利用者にとって価値の高い運用組織といえるでしょう。

また、運用するスタッフのストレスも軽減され、

本来の価値を発揮する業務に専念できます。

それは、スタッフの健全な成長をも下支えします。

この章では、IT業界のシステム運用の世界で用いられている

2つのマネジメントフレームワーク、

「インシデント管理」「問題管理」を

中心に、「割り込み」や「トラブル」を

どうマネジメントするかを学習します

4-1

「割り込み」「トラブル」を
マネジメントする
インシデント管理

　晴れて開店した、あなたのハンバーガーショップ。日々クレームなどの「割り込み」や「トラブル」が発生し、お客さんとスタッフを悩ませます。以下、現在お客さんから受けているクレームおよびトラブルの一覧です。あなたは店長としてどんな対応をしますか？　考えてみてください。

クレーム・トラブル一覧

1. 「頼んだチーズバーガーが入っていなかったよ！」
   （持ち帰り客からの電話のクレーム）
2. 「あの、フィッシュバーガーまだですか？
   もう10分待っているんですけれど…」
   → オーダーの通し忘れ（店内客からの口頭のクレーム）
3. 「喫煙席から煙が漂ってきて、苦しいです…」
   （店内客・幼児を連れた女性からの口頭のクレーム）
4. 「え、トイレ清掃中で使えないんですか！？」
   （女性客からのクレーム。時間は昼12:45）
5. "What kind of hamburgers are you offering?
   Is Wi-Fi available here?"
   → 聞き取れない、返せない…
6. 「いつまで待たせるんですか！」

〈お店のレイアウト〉

〈レジの待ち列状況〉

新人店員

6.のクレームをしてきたお客さん

〈お店のメニュー表〉

・ハンバーガー	390円
・チーズバーガー	420円
・フィッシュバーガー	450円
・スペシャルメキシカン	500円
・フライドポテト	S:250円 M:350円……

PART4　あたりまえの業務を、あたりまえに提供できるようにする

すべての「割り込み」「トラブル」にその場で対応していたらキリがありません。いくら人手があっても足りないですし、本来の業務・サービスが提供できない状態が続いてしまいます。また、業務の改善や、サービスの付加価値向上を検討する時間なんて、いつまでたっても確保できないでしょう。

　とはいえ、放置するわけにもいきません。クレームが新たなクレームを生み、ますます対応に手間がかかってしまいます。適切に向き合い、迅速に対処する——そのための仕組みを構築して運用しましょう。

　「割り込み」「トラブル」など、業務やサービス品質の低下や中断が発生したとき（あるいはしそうな時）、迅速に正常な運用へと回復させ、インパクトを最小限に抑えるための取り組みを「インシデント管理」といいます。

(1) インシデントとは

　通常の業務の遂行を邪魔する何かを、ITの運用の世界では「インシデント」と呼んでいます。クレームのような「割り込み」もトラブルも、通常の業務の手を止めて対応しなければなりません。これらはインシデントです。

　それ以外にも、さまざまなインシデントが日々発生します。

> インシデントの例
> - 業務上のトラブル（作業ミス、し忘れ、品質低下など）
> - システムトラブル
> - 通常サービス外の要望や依頼（「特別に〜してほしい」「こんなことはできないか？」など）
> - クレーム（「対応が悪い」「説明がわかりにくい」「責任者を出せ！」など）
> - 問い合わせ（「会員Webサイトのログイン IDを忘れました」など）
> - その他、業務やサービスを提供できない状態（「台風接近でスタッフが出社できない」など）
> - 改善提案（「待ち列を短くするために、レジの並び方を変えましょう！」というスタッフからの提案など）
> - 予防措置（「子どもの来店が増えるシーズンは、ジュースを多めに補充して、品切れによるクレームを減らしましょう」というスタッフからの提案

など）

「トラブルやクレームはわかる。でも、スタッフからの『改善提案』や『予防措置』もインシデントなの？　いいことなのに……」

　改善提案も、予防措置も、通常業務の手を止めて検討する必要があります。すなわち、通常の業務の遂行を止める何かであることには変わりがありません。良し悪しは判断せずに、いったんインシデントとしてとらえて、その後に向き合い方を決めていきましょう。

(2) インシデント管理のモデルフロー

　インシデントは、ただ気づいた本人が心の中に留めていただけでは、管理できているとはいえません。検知（察知）して⇒記録して⇒共有して⇒向き合い方を判断して⇒対応して⇒完了（クローズ）する必要があります。もちろん、即対応が求められるインシデントについては、「スタッフが即対応していいレベルのインシデント」をあらかじめ定義したうえで、記録は後日とする運用も求められます。
　インシデント管理の詳細なモデルフローを示します。IT運用の現場で用いられている、典型的なフローです。

インシデント対応の大まかな流れ

検知（察知） → 記録 → 共有 → 判断 → 対応 → 完了（クローズ）

(3) インシデント管理ツール

　インシデントを記録して、共有して、対応履歴や判断の履歴など組織知として残すには、可視化できる何かしらのツールが必要になります。インシデント管理ツールの例をいくつか紹介します。

1. ホワイトボードと付箋

　最も原始的な方法。スタッフが集まる事務室などにホワイトボードを設置し、各自がインシデントに遭遇した都度、内容を書き出して貼ります。

　すべてのインシデントを記録するのは難しいかもしれませんが、たとえば「お客さんからのクレームだけを付箋に書いて貼る」など書き出すインシデントの基準を決めることで、スタッフがインシデントを拾いやすくなります。

　マネージャーもスタッフも、ホワイトボードを見るだけで、今どんなインシデントが発生しているのかを知ることができます。また、それぞれのインシデントに対してどう対応したらいいのか、チームで考えやすくなります。スタッフがPCやデジタルデバイスを使いにくい職場においては、このようなアナログな記録・共有方法から始めてみるといいでしょう。

　ただし、アナログなやり方には大きな弱点があります。その時点で発生し

ているインシデントは可視化しやすいものの、記録しにくい。対応方針や対応履歴、過去のインシデントの発生傾向などは記録して、ナレッジ化しておきたいところ。付箋に書き出されたインシデントを、後にマネージャーないし補佐役が IT の管理ツールに転記して記録する運用も一考です（できれば自動化したいところですが）。

2. Excel

　組織の規模が大きくなければ、Excel でも十分インシデント管理をおこなうことはできます。チーム共通の「インシデント管理簿」を、共有サーバー上に作成して管理します。

- インシデントを発見した人が、インシデント管理簿に記入
  あるいは、口頭連絡を受けて、インシデント管理責任者が記入
  　↓
- 定期的に、全員でインシデント管理簿を読みあわせ
  　↓
- 対応方針を決める

　管理簿上で、各々のインシデントのステータスを明記しておくといいでしょう。

これにより、「どのインシデントがいまどのような状態にあるのか？」に気づけて、対応漏れを防ぐことができます。
　ただし、Excelの運用には限界があります。時間の経過とともに、記録件数が増えると、過去のインシデントを探しにくくなります。また、ファイルサイズが大きくなって開きにくくなる／編集しにくくなるなど、性能面でのデメリットも懸念されます。
　Excelによる管理は、規模の大きくない組織、あるいは「とりいそぎの暫定策」としてはいいと思いますが、業務やサービスの拡大に応じて3.へのシフトを検討するか、将来の拡大を見越してあらかじめ3.からスタートしましょう。

3. インシデント管理のソフトウェアやクラウドサービス

　「Redmine」「ServiceNow」「LMIS」など、サービスマネジメントやインシデント管理に特化したITソフトウェアやクラウドサービスも多く出回っています。BI（Business Intelligence）機能といって、たとえば過去のインシデントの発生件数や解決件数などをグラフ化してくれるなどレポートや意思決定を助ける機能や、新規インシデントが登録された都度関係者にメールを送信してくれるメール連携機能など、マネジメントを助ける機能が充実しています。
　ただし、利用者にある程度のITリテラシーが求められ、かつライセンス料および運用維持コストが発生します。

(4) インシデント管理をおこなうメリット

　一見、めんどくさそうなインシデント管理。取り組むメリットは十分にあります。

1. インシデントの対応内容を組織知にする

　都度発生するインシデント、たまたま受けた人がその場で脊髄反射で対応

していたのでは、「だれが」「どのようなインシデントに」「どう対応しているのか」がわかりません。これでは、いつまでたってもスタッフが属人的なスキルや気配りで目先のインシデントをひたすら潰す状態から脱することができません。

2. インシデントの発生傾向や対応にかかる労力を可視化する

　日々、なんとなく対応していては、インシデントの発生傾向も量も対応時間もわかりません。その結果……

「マネージャーから、組織の問題や課題が見えない」
「経営層に、現場の忙しさの妥当性を伝えられない（その結果、投資など適切なサポートが得られない）」

　このような状況に陥ります。インシデント管理は、現場の実態を正しく把握し、正しくリソースマネジメントするためのツールでもあるのです。

3. 対応漏れを防ぐ

「お客さんからの問い合わせ、未回答のまま放置してしまった！」
「機械の消耗品の交換、忘れてしまった！」

　インシデント管理には、このような対応漏れを防ぐ効果もあります。これらのインシデントを記録して、定期的にチームメンバー（あるいはマネージャー）が確認する運用にすれば、だれかしらがやり忘れに気づいて、リマインドしてくれます（インシデント管理に特化したソフトウェアやクラウドサービスには、メールやアラームでリマインドしてくれる機能を持つものもあります）。

4. 対応しないインシデントを決められる

　すべてのインシデントに対応していたらキリがありません。時には「断る」「保留にする」判断も重要。しかし、現場が忙しければ忙しいほど、さらには真面目な人が集まっている職場ほど、飛び込んできたインシデントをすべて自分でなんとかして対応しようとします。いったん記録して、

「たたかう」
「にげる」
「ぼうぎょ」
「じゅもん（効率化）」
「どうぐ（外注など）」

　などチームで向き合い方を決めることで、以降すべてのインシデントと戦わなくてすむようになります。

5. 対応品質のバラツキを防ぐ

　スタッフによるインシデント対応のバラツキも問題です。

「あの人は対応してくれたのに、なんであなたは対応してくれないのですか？」

　このようなバラツキは、無駄なトラブルやクレームを生みます。なし崩しで「手厚いサービス」にひっぱられ、いたずらに運用コストをあげるリスクもあります。また、人によって対応がバラバラでは、後任の育成もできません。

　インシデントを記録する
　⇒どう対応すればいいかをチームで検討する
　⇒判例を残していく

これにより、対応品質の平準化を図ることができます。

6. 受けとめてもらえる安心感

　スタッフが抱えているクレームや、中からの改善提案。ともすれば、だれにも気づいてもらえなかったり、その場で流されて放置されてしまいがち。インシデント管理簿に記録し、確実にチームで受けとめてもらえる運用にすることで、

「ここに記録しておけば、いざというとき助けてくれる」
「私のがんばりをわかってもらえる」
「改善提案が、放置されない（リーダーがやる／やらない判断や進捗管理をしてくれる）」

　とチームに安心感が生まれます。また、スタッフ自身が、抱えている割り込み案件の備忘録としてインシデント管理簿を活用することもできます。

(5) インシデントを記録する文化が大事

　インシデント管理は文化です。

「ヒヤリ・ハットを記録する」
「ちょっとした気づきや改善提案も、インシデントとして起票する」
「困ったことは、インシデントに残す」

　この行動習慣が、インシデントにチームで向き合い、チームで解決する組織風土を醸成します。あなたがリーダーだとして、メンバーから業務に関する気づきや悩みを相談されたら、こう返答するようにしてください。

「それ、インシデントとして記録して！」

インシデントを記録して管理する文化を組織に根付かせる、はじめの一歩です。

(6) 「未知」を「既知」に変える取り組みが組織と個人を成長させる

インシデント管理とは、いわば「未知」を「既知」に変える取り組みです。過去に経験した事象（既知）であるにもかかわらず、まるではじめて遭遇したか（未知）のように、いつもあたふたしている運用組織を見かけます。いわば、組織の既知が個人の未知になっている状態です。

そのような「学ばない組織」は、お客さんなどの利用者はもちろん、運用者自身にとっても残念です。インシデント管理をしっかりおこない、「未知」を「既知」に変えていきましょう。

ループで繰り返す、同じミス、エンドレス（『職場の問題かるた』より）

4-2 「割り込み」「トラブル」が二度と起こらないようマネジメントする
問題管理

「お客さんにお渡しする商品をまちがえてしまった。お詫びして許していただいたが、今後まちがえないためにはどうしたらいいか？」
「タバコの煙がつらいと、お客さんからクレームがあった。その場では煙から遠い場所の席に移ってもらってなんとかなったけれど、今後どうしよう？」
「ソフトクリームの製造機。最近よく故障する。なんとか手作業で対応しているけれど、いつまでも手作業でやっていたら手間がかかって仕方がない……」

　インシデント対応とは、「割り込み」「トラブル」などに対して取り急ぎその場でナントカする対応です。いわば、暫定対応。しかし、その場でナントカして涼しい顔をしていたら、いつまでたっても業務・サービスの品質は上がりません。組織も成長しません。

「二度、同じインシデントを発生させないためにはどうしたらいいか？」

　すなわち、再発防止策の検討と実施が求められます。このように、インシデントの原因を特定して二度発生しないように解決する取り組みを「問題管理」といいます。

(1) 問題とは

1つまたは複数のインシデントを引き起こす根本原因を、（IT運用管理の世界では）「問題」といいます。

> 問題の例
- 故障が頻発する機械
- 利用者の危険な行動を誘発する、フロアの動線やレイアウト
- 情報システムのバグ（瑕疵）
- まぎらわしい案内表示
- 見落としやすい看板
- 使い方がわかりにくい、機械のインターフェース（操作画面など）

このような問題は、利用者からのクレームやトラブルや不要な問い合わせ（すなわちインシデント）、ひいては運用者のストレスや長時間労働を生み続けます。インシデント対応も大事ですが、問題対応も同等またはそれ以上に重視しましょう。

(2) 問題管理のモデルフロー

基本的には、日々のインシデント管理の中で、再発防止策を検討したいインシデントを特定し⇒「問題」として定義して⇒方策を検討して⇒実施する流れになります。以下、モデルフローを示します。

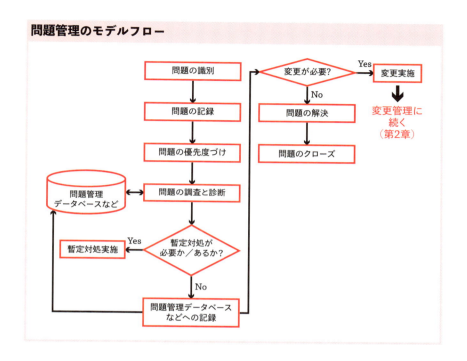

問題管理のモデルフロー

　問題管理をインシデント管理と有機的に連携させ、あなたの組織がインシデント対応に追われて疲弊しないよう恒久対処も検討して、実施していきましょう。

(3)「リアクティブ」と「プロアクティブ」

　問題管理には2つのアプローチがあります。「リアクティブな問題管理」と「プロアクティブな問題管理」です。リアクティブな問題管理とは、インシデントが発生してから事後対処する問題解決行動です。それに対し、プロアクティブな問題管理とは、インシデントの兆候を予測して、事前に予防措置をおこなう対応をいいます。

　プロアクティブな問題管理をおこなうためには、インシデント管理や次項で触れる運用スケジュールの把握が肝。過去のインシデントの傾向、利用者の特性、運用スケジュールや業務イベントに沿った利用者の動向などをおさ

えておくことで、前広に対応できるようになります。

リアクティブな問題管理の例
　アイスクリーム製造機が故障して動かなくなった
⇒アイスクリームの提供を止めて修理に出す

プロアクティブな問題管理の例
　アイスクリーム製造機が故障しないよう、月に1回点検をして部品を交換しておく

　リアクティブな問題対応しかできない組織は、ひかえめにいって"残念な組織"です。すべてが後手後手で、利用者も運用者にもストレスがかかります。リアクティブからプロアクティブに、あなたの組織の動きを変えていきましょう。
　ここでもう一度、4-1節の冒頭のクレーム・トラブル一覧を見返してみてください。あなたは、店長として、恒久対処と暫定対処の2つを考えられていましたか？　インシデント対応、問題対応、いずれか一方に偏っていないでしょうか？

4-3 業務の山谷を見える化する
運用スケジュールの策定と実施

「この組織では、来月どんなことが起こるのか？」
「どの時期が最も忙しく、どの時期なら比較的忙しくないのか？」

　いわゆる業務の山谷を可視化し、チームで共有することで、メンバーは先を意識し、プロアクティブに行動できるようになります。

(1) 年間の業務スケジュールの策定

　できれば向こう１年間程度、年間業務スケジュール表を作ってください。Excel で結構。横に月や週や日、縦に業務やイベントを記入して、該当する月／週／日に線を引きます。
　いきなり完璧なものを作らなくても大丈夫。いまわかっているものだけを、とりあえず記入しましょう。

年間業務スケジュール表の例

No.	イベント名	4月 3	10	17	24	5月 1	8	15	22	29	6月 5	12	19	26	7月 3	10	17	24	31
1	異動編入者受け入れ対応（PC手配など）	■	■																
2	部門コード付け替え対応		■																
3	新年度キックオフミーティング			■															
4	新入社員向け部門研修						■												
5	支部長会議																		
6	海外インターン生受け入れ										■	■	■	■					
7	第一四半期決算対応														■				
8	管理者向けブランド研修								■			■				■			
9	グローバルマネージャー会議																■		
10	社員ブランド意識調査実施																		■
11	在庫管理見直しプロジェクト						■	■	■	■	■	■	■	■	■	■	■	■	■
12	………																		

※5月1日の列は「GW一斉休暇」

記入してほしい業務／イベントの例は次のとおりです。

業務イベント

- 夏休み半額セール
- バレンタインデーイベント
- 新製品開発プロジェクト期間
  など

システムイベント

- 会員登録システムのメンテナンスによるサービス停止
- 厨房機器のメンテナンス
- エレベータのメンテナンス
  など

組織イベント

- 期末の棚卸し

- 監査対応
- 人事異動
- 新入社員の配属
- 中途入社社員の教育
- 部内の新年会
  など

外部イベント

- 地域のお祭り
- 小中学校の運動会
- 入居しているビルの停電
- 税制変更
- インフルエンザが流行する時期
  など

スタッフの休暇予定

- 夏季休暇
- リフレッシュ休暇
- 計画休暇
  など

　作成した年間業務スケジュール表は、壁に貼る／パソコンの共有フォルダで共有する／デジタルサイネージで投影するなどして、チームメンバーで定期的に（たとえば朝礼などで）確認するようにしてください。これらを確認するだけでも

「来月は半額セールだから、そろそろPOPを作っておかないと」
「お祭りのシーズンだから、飲み物を多めに仕入れよう」
「ビルの停電があるのか。冷蔵庫の食材をどうするか、考えておかないとな……」

と事前に対策を計画できるようになり、当日になってあたふたしません。また、

「この組織は、7月と8月が繁忙なのね。なら、9月にお休みをいただこうかしら……」
「9月が繁忙期なのですね。では落ち着いた後、10月に1週間お休みをいただいてもよろしいですか？」

と個人の休暇計画も立てやすく、かつ言い出しやすくなります。

(2) 年間の業務スケジュールのアップデート

　業務スケジュールは生き物です。あなたが初版を書ききったその瞬間に、ほかのだれか（本社の企画スタッフなど）が新しいプロジェクトを立ち上げて、あなたたちを巻き込もうとしているかもしれません。よって、定期的にアップデートしましょう。

「そういえば、来月、この地域でフェスがあるらしいですよ。お客さんが増えそうです」

　このように、メンバーが仕入れた情報をもとにイベントを書き足すシーンもあるでしょう。
　朝礼、週次ミーティング、月次ミーティングなど、メンバーが集まる機会をとらえて、業務スケジュールを確認し、アップデートしていってください。
　年間スケジュール表を読み合わせして、「事前のアクションが必要」「予防措置を」と判断した場合、インシデントを起票して、確実に実行されるようフォローしましょう（4-1節のインシデント管理へ）。また、業務やサービスの変更とする場合は、変更管理およびリリース管理（2-5節）のフローに沿って、確実に変更がおこなわれるようにしてください。

4-4

必要な業務／
不要な業務を見極める
業務棚卸し

　業務スケジュールのアップデートと同じくらい大事なのが、業務・サービス内容そのもののアップデートです。

　企業組織は、基本的に成長前提で事業計画が組まれます。すなわち、普通に過ごしていれば、今日より明日のほうが業務量が増えてあたりまえ。減り続けていたら、むしろ危機感をもたなければなりません。よって、意志を持って業務量を減らしていくか、リソースを増強しなければ、事業活動は成り立たなくなります。

　また、日々インシデントは発生します。そのような「割り込み」にも対応しなければなりません。よって、定期的にいま提供している業務・サービスを棚卸しして、力のかけかたを判断しましょう。

(1) 棚卸しを企画する

　まずは、業務の棚卸しをする日を決めます。最低年に1回、繁忙期が過ぎた頃合を見計らっておこなうのがいいでしょう。日程は、あらかじめ年間業務スケジュールにプロットしておくと、忘れずに実施できます。

(2) 棚卸しを実施する

　次に、業務の棚卸しです。第1章で作成した業務一覧を広げて、1つ1つ今後の向き合い方を判断します。以下が、業務に向き合うにあたっての観点

です。

1. 強化

今後、力を入れる業務。人を増強したり、システムによる対応強化を検討する。

2. 効率化

なるべく力をかけずに回せるようにする。マニュアル化、システムによる省力化。

3. 現状維持

とくになにもしない。いままでと同じ力加減で取り組む。

4. 縮小・廃止

実施頻度を減らす。手間をかけずにやる。あるいは、業務そのものを止める。

第2章で学習したライフサイクルの観点も参考に、1つ1つ判断していってください。

また、同時に業務一覧のアップデートも忘れずに。今後新たに追加したい業務やサービスを追記して、より付加価値の高い運用組織を目指していきましょう。

COLUMN

「重要度：高、緊急度：低」の仕事にいかに取り組めるかが組織の価値を決める

仕事の優先度は、重要度×緊急度の掛け算で決まります。そして、各々の仕事の優先度は、以下のような４象限のマトリクス（図）で表現されます。

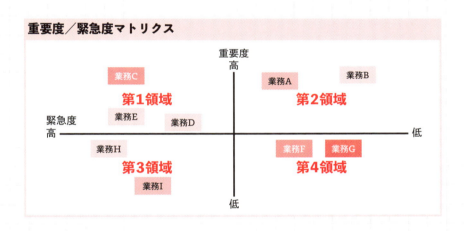

組織の価値は、第２領域、すなわち「重要度：高、緊急度：低」の仕事に取り組めているかどうかにかかっているといっても過言ではありません。

人は目に見える、目先の仕事を優先する生きもの。すなわち、インシデントなど目先に飛び込んできた突発案件やトラブル（第１領域、第３領域の仕事）は、言われなくてもある程度反射的に取り組みます。または、その場の気合と根性でなんとかしようとするでしょう。

一方で、第２領域の仕事は、地味です。たとえば、インシデントを二度と発生させないための環境構築や仕組みづくり（＝問題対応）。この仕事は、すぐやらなくても、どうにでもなりますし、成果が出るまでに時間もかかります。要は"目立たない仕事"。ともすれば、改善マインドのある奇特な人のボランティア精神に依存しがち（すなわち、属人的になりがち）。しかし、第２領域の仕事を放置しておくと、いつまでたっても組織の生産性も上がら

なければ、価値ある成長も期待できません。改善マインドのある人も、モチベーションを下げて、やがて去ってしまいます。だからこそ、「仕事として定義する」「役割を決める」「評価する」など、意識的かつ組織的に第2領域の仕事が放置されないようにする取り組みが大事です。

「納品のない受託開発」を掲げるソフトウェア企業、ソニックガーデンは、社長と副社長で役割を分担したといいます。社長の倉貫氏は第2領域、すなわち「重要度：高、緊急度：低」に専念し、第1領域「重要度：高、緊急度：高」の仕事は副社長の藤原氏に任せているそうです。お互いの領域を決めることで、「重要度：高、緊急度：低」も確実にカバーされるようにする——これも、大事な仕事を取りこぼさないマネジメントの1つです。

いわば、第1領域の仕事は短距離走、第2領域の仕事は長距離走。どちらも等しく大事です。マネジメントができている組織＝短距離走も長距離走もこなせる組織といえるでしょう。いま、私たちはマネジメントの真価を問われています。

業務の価値を高める

～付加価値向上

この章で学習すること

1. 個人の知識を組織の知識に変え、活用できるようにする　～ナレッジマネジメント
2. 人と組織を計画的に育てる　～人材育成
3. ムリ・ムダをなくして働きやすくする／本来価値にコミットできる環境を作る　～業務改善促進

あたりまえの業務を、あたりまえに遂行する。
あたりまえのサービスを、あたりまえに提供する。

その営みと努力自体、たいへん価値のあることです。
しかし、残念ながらそれだけでは組織の価値は上がりません。
価値は相手が決めるもの。
あなたの運営するハンバーガーショップもしかり。
お客さんが求めている潜在ニーズを先回りしたサービスの提供、
新たな世界観やライフスタイルを提案するような新商品の提供、
スタッフが元気よく働ける職場環境の提供。
このように、ステークホルダーに対する付加価値を
創出していかなければなりません。
また、その時間を創出するための業務改善も欠かせません。

「これまでのノウハウを生かした、
地域らしさのある新たな商品を開発してほしい」
「そろそろ2号店を出店したい。
1号店を運営してきたナレッジを活用して
新店のデザインやオペレーションを工夫したお店にしてほしい」
「我々のノウハウを生かして、飲食店を立ち上げる人たちのための
コンサルティング事業を新たに始めよう！」

オーナーからこのようなオーダーを受けたら、あなたはどうしますか？
どんなノウハウを収集し、活用したらいいでしょうか？

この章では、あなたが運営する業務や
サービスの価値を高めていくための取り組みについて考えます。

5-1 個人の知識を組織の知識に変え、活用できるようにする

ナレッジマネジメント

　ナレッジとは、知識・経験・ノウハウ・スキルなど、業務遂行および改善や価値向上に必要な情報のこと。組織の継続的な成長と向上のために欠かせない要素です。個々人のナレッジを組織のナレッジに変換し、組織全体で活用して生産性を向上させ、かつ新たな価値創造につなげていく一連の取り組みを知識経営、またはナレッジマネジメントといいます。ナレッジマネジメントで陥りがちな罠、および有効に機能させるためのポイントを9つ紹介します。

（1）ナレッジマネジメントのアンチパターン
（2）必要なナレッジを定義する
（3）ナレッジの収集方法を定義する
（4）ナレッジを収集する
（5）ナレッジを共有する
（6）ナレッジを評価／再評価する
（7）ふりかえりをする
（8）暗黙知と形式知／SECIモデル
（9）「場」の創造

（1）ナレッジマネジメントのアンチパターン

　アンチパターンとは、ソフトウェア工学の用語で、ある問題に対する不適切な解決策を分類したものをいいます。平たくいえば"残念な典型例"。ナ

レッジマネジメントにおけるアンチパターンを見てみましょう。

「『ナレッジが大事だ！』『ナレッジを共有せよ！』と日々トップが叫んでいれば大丈夫」

　残念ながら、それだけではナレッジの蓄積も共有もなかなか進みません。ハンバーガーショップのように、日々のオペレーションに追われがちであればあるほど、現場のスタッフはわざわざナレッジを報告〜共有しにくいでしょう。共有するための手段やきっかけがなければ、よっぽど奇特な人や問題意識の高い人でない限り、"わざわざ"ナレッジを共有しません。

　また、「そもそも、何が共有すべきナレッジなのかがわからない」。それでは、スタッフはナレッジの存在に気づけません。たとえば、お客さんから受けたクレームも、定義次第（後述）ではナレッジです。しかし、「クレーム＝ナレッジ」とスタッフが認識していなければ、その場の対応を終えてすぐ忘れてしまい、共有されることもないでしょう。

「ナレッジデータベースを作れば大丈夫」

　「ナレッジデータベース」の活用を推奨する書籍や文献も目立ちます。ナレッジデータベースとは、文字どおり個人のナレッジを登録して組織で参照〜活用できるようにするためのデータベースです。ITベンダーは、ナレッジデータベースや「グループウェア」を盛んに売り込んでくるでしょう。ナレッジマネジメント＝ナレッジデータベースを構築することであると主張する人もいます。しかし、それは大きなまちがいです。

　ナレッジデータベースには、ナレッジを"わざわざ"登録する手間が必要です。また、"わざわざ"データベースを見ないと、メンバーは新たに登録されたナレッジに気づくこともできません。この手間がなかなか曲者。立ち上げ当初は、ものめずらしさや"いやいや"ながらデータベースにナレッジを登録していたメンバーも、やがてやらなくなります。なぜなら、面倒だからです。

　さらに、せっかく登録しても、だれも反応してくれなければ、フィードバックももらえない。それでは、わざわざ登録する甲斐がありません。こう

して、せっかく作ったナレッジデータベースも、だれにも使われないただの"電子の箱"と化していきます。

「エース級のプロをそろえれば大丈夫」

「ウチは、業務に精通したベテランをそろえていますからバッチリです」
「この道20年のエース級を、他社からも引っ張って集めたのですよ。ノウハウの宝庫です」

　そう豪語する経営者もいます。しかし、はたしてそれでナレッジの共有と利活用がされると言い切れるでしょうか？
　ナレッジは生き物です。時代の変化や環境変化に応じて陳腐化します。古いナレッジは残しつつ、新しいナレッジを取り入れる──すなわち、新陳代謝させなければなりません。単に、いままでのナレッジを個人知として持っている人を集めればいいというものではありません。
　また、ナレッジを持っていることと、共有してくれることは別問題です。残念ながら、エース意識の高い人ほど、自分のノウハウを囲い込んでしまう傾向にあります。なぜなら、そのノウハウこそがその人のエースたる存在理由であり、他人に公開してしまっては自分の地位が脅かされてしまう（と思っている）からです。ナレッジを組織に還元する行動を評価する制度、あるいは文化を創っていかないと、いいナレッジほどエースにどんどん属人化します。そして、ある時、そのエースはナレッジを自分の中に囲ったまま転職してしまいます。

「朝礼で毎日業務のナレッジを共有している。それで十分では？」

　たしかに、日常的に発生するトラブルやクレームの内容、予兆、その対策など日々のオペレーションを回すためのナレッジ共有は朝礼で事足りるかもしれません。しかし、新たな価値創造や業務改善につながるようなナレッジは、やはりきちんと時間をとって吟味し、議論しないと、なかなか発掘も創出もできません。

以上、ナレッジマネジメントのアンチパターンを見てきましたが、ナレッジマネジメントは

ナレッジの定義→登録→共有→評価／フィードバック→活用→再評価

をいかに設計して運用するかが肝。すなわち、ナレッジのライフサイクルをデザインしないと、なかなかうまくいかないのです。

(2) 必要なナレッジを定義する

「そもそも、その組織にとって必要なナレッジは何か？」

これをまず定義します。何事も定義が肝心。時間をとって、その組織に必要なナレッジを定義しましょう。次の３つの観点で、ナレッジの要件定義をするといいでしょう。

1. 日々の業務を回すうえで必要なナレッジ（短期的）

- お客さんから受けたクレーム
- 問い合わせ対応の内容
- 新商品を手短に案内するためのコツ
- 掃除を短時間で終えるための工夫
  など

2. 業務・サービスの価値向上や改善に つなげたいナレッジ（中長期的）

- お客さんのうち、学生さんのお店の行動パターン
- お客さんの退店後の動き
- 地域の人口動態
  など

3. ある一定の期間だけ、
　意図的に収集したいナレッジ（限定的）

・新商品発売後、2週間のお客さんの動向
・「ためしに1週間だけ、電話対応をやめてみてクレームがないか様子を見たい」
　など

　とはいえ、「とりあえず、何がナレッジがよくわからないから、気軽かつ自由に情報発信するきっかけを作ったりITツールを使ってみて様子を見る」のもあります。
　ナレッジの定義に時間がかかりすぎて、肝心のナレッジが発信されない、蓄積されないでは本末転倒です。その場合、ナレッジデータベースのような、ナレッジマネジメントに特化した大袈裟なツールを入れるのではなく、通常の業務連絡や報告などで使うことを主眼に置いたコミュニケーションツールを使うのがいいでしょう。最近は、気軽に情報発信できるコミュニケーションツール（Slackなど）も増えています。
　ナレッジの定義ができずに、思考停止してしまう——そんな「定義の袋小路」に迷い込まないようにしましょう。

(3) ナレッジの収集方法を定義する

　ナレッジの要件を定義したら、収集方法を決めます（もちろん、先にツールを用意してとりあえず走ってみるのもあります）。

・ナレッジデータベースをたてる
・グループウェアを活用する
・Excelに書き留める
・ノートに書く
・ホワイトボードに付箋を貼る
・Slackなどのチャットツールに投稿する

インシデント管理（第4章）とナレッジ収集を兼ねる方法も要検討です。その場合、インシデント管理ツールとナレッジ管理ツールを兼ねることも可能です。なにより、わざわざナレッジを記録する手間が省けます。

(4) ナレッジを収集する

　ハンバーガーショップのフロアやキッチンなど、スタッフがナレッジをPCなどのデジタルデバイスを使えない／紙に書き留めにくい環境にいる場合、ナレッジを言語化して登録してもらう方法も考える必要があります。

・朝会／夕会で口頭で報告してもらう
　（データベースへのナレッジの登録はマネージャーや班長がおこなう）
・休憩時間の前後で、詰所のノートに書いてもらう

　このような役割分担や運用ルールも決めておきましょう。
　また、メンバーがナレッジを発信／登録するモチベーションを上げるための仕組みづくりも大事です。

・表彰制度を設ける
・人事評価の対象とする
・ナレッジに対するフィードバックをする
・閲覧数がわかるようにする
・「いいね！」などのコメントがつくようにする

　ナレッジを率先して発信／登録したくなるような、制度設計も考慮しましょう。

(5) ナレッジを共有する

　ナレッジは、ただ単にデータベースに蓄積されていただけでは価値を生み

ません。組織内で共有し、利活用されなければ意味がありません。一定期間が経過した後、定期的に共有するようにしましょう。

・月1回、ナレッジの棚卸し会を実施して、蓄積されたナレッジを全員で眺める
・毎日マネージャーがナレッジデータベースを確認し、「これは全員に知っておいてほしい！」と思ったナレッジをメールやポータルで発信する／朝会や夕会で口頭で共有する

　ナレッジの共有を自動化する仕組みも要検討です。たとえば、Slackなどのグループチャットの仕組みでメンバーが日々の気づきや情報を発信するようにしていれば、"わざわざ"だれかがナレッジをチームに共有しなくても（あるいはメンバーが"わざわざ"新たにデータベースなどに登録されたナレッジを探しにいかなくても）、業務でチャットを使う流れの中でメンバーはナレッジに触れることができます。"わざわざ"を"ついでに"に変える──それが生産性向上の基本です。

(6) ナレッジを評価／再評価する

　ある程度蓄積され、日々共有されるナレッジ。共有されっぱなしでは、効果が薄いです。

「半年、あるいは一年経過して、どんなナレッジが個人と組織に溜まってきたか？」
「そのナレッジから、どんな傾向が見えるのか？」
「どんな価値向上策や改善策を講じるか？」
「複数のナレッジを組み合わせたら、どんなことがわかるか？」
「自分たちの業務やサービスをよりよくするために、さらにどんなナレッジが必要か？」

　このように、ナレッジそのものの良し悪しを評価し、かつ業務やサービス

の価値向上につなげるための議論につなげていきましょう。最低でも年1回、蓄積されたナレッジを評価／再評価して議論する時間を設けてください。その際、ナレッジの定義や収集方法そのものもふりかえって、より効率よくナレッジを収集する方法がないかも見直しをするといいでしょう。外部の有識者を入れて、ナレッジを評価してもらうのも一考です。

(7) ふりかえりをする

　どんな組織においても、ふりかえりは組織と個人双方の継続的な価値向上の要です。前項で解説したナレッジの評価／再評価とあわせて、必ず定期的に時間をとって組織のふりかえりを実施しましょう。ここでは、ふりかえりを効果的におこなうためのKPT法というやり方を紹介します。

1. KPT法とは

　Keep、Problem、Tryの頭文字をとったもの。システム開発など、プロジェクト活動のふりかえりと知識化によく用いられる手法です。用意するものは、ホワイトボードや模造紙、そして大きめの付箋とサインペン（もちろん、電子的なやり方でもかまいません）。ホワイトボードまたは模造紙を、Keep、Problem、Tryの3つの区画に分けます。

- Keep　　→　うまくいったこと、今後も継続したいこと
- Problem　→　うまくいかなかったこと、課題や問題
- Try　　　→　今後新たに取り組みたいこと

　次に、個人ワークです。メンバー各自、それぞれが付箋に「Keep」「Problem」「Try」だと思った出来事や意見を書き出します。他人の意見に左右されないよう、書き出しは時間を決めて、一斉にもくもくとおこなうのがポイントです。
　時間が来たら、ホワイトボードまたは模造紙のKeep、Problem、Tryそれぞれの領域に貼り出し、意見交換をします。こうして、メンバー同士、お

互いの景色を合わせていきます。

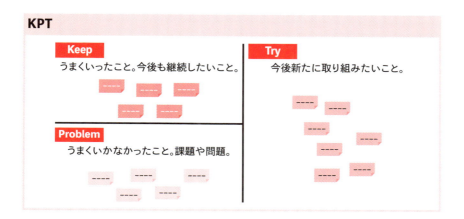

2. 失敗もふりかえる

ともすれば忘れたい（あるいは忘れてしまう）失敗体験。失敗も貴重な組織のナレッジです。ふりかえりの対象とし、次に失敗しないための仕組みを検討する糧にしましょう。

失敗を生かせない組織は、失敗した（している）ことに気づいていない場合も多いです。そのためにも、定期的に時間をとってふりかえる。このきっかけ作り、場作りとメンバー同士の景色あわせが大事なのです。

(8) 暗黙知と形式知／SECIモデル

ナレッジマネジメントをさらに深く学習したい方のために、いくつか専門用語を紹介します。

暗黙知と形式知

ナレッジには「暗黙知」と「形式知」があります。暗黙知とは、個人の中の言語化されていないナレッジです。属人的な業務ノウハウ、勘所、技術な

どが当てはまるでしょう。形式知とは、言語化されて他者に共有されているナレッジをいいます。

SECIモデル

野中郁次郎氏（一橋大学名誉教授）が1990年に発表したナレッジマネジメント理論。暗黙知と形式知の、個人と組織との間の変換／循環による新たな知識のモデルを図式化したものです。

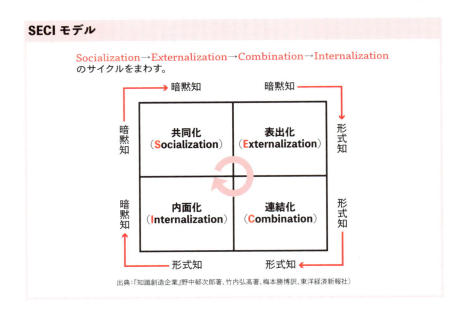

出典：『知識創造企業』野中郁次郎著、竹内弘高著、梅本勝博訳、東洋経済新報社

共同化（Socialization）
個人の暗黙知を獲得・認識するプロセス。

表出化（Externalization）
個人の暗黙知を言語化して形式知にするプロセス。

連結化（Combination）
複数の形式知を組み合わせて新たな形式知を創造するプロセス。

内面化(Internalization)

新たな形式知を得た個人が、実践を通じてまた新たな暗黙知を体得するプロセス。

(9)「場」の創造

SECIモデルのスパイラルを回すためには、「場」の創造が大事。メンバー個人がどんな知識やノウハウを持っているのかを知るコミュニケーションの場、それを交換し合う勉強会やイベントなど。企業でも次のような「場」の創造の取り組みが見られます。

さまざまな「場」

①コミュニケーションコーナーの設置
(お菓子コーナー、ソファースペース、運動スペースなど)

業務時間や休憩時間での、何気ない人の出会いと知識の交流を生む「場」。

②フリーアドレススペースの設置

「タコツボ化」を防ぎ、毎日異なる人との知識交流が生まれる「場」。

③勉強会・事例発表会の実施

個人の知識やノウハウを、組織に還元する「場」。

④社内SNS／グループチャット

個人の知識やノウハウを、インターネット(イントラネット)を使って共有するための「場」。

⑤読書会／輪読会の実施

課題図書を決め、学びや意見を交換する「場」。新たなナレッジのインプットのきっかけにもなり、個人と組織の成長を促す。

⑥社内報を活用したナレッジ共有

　最近では、たとえば従来の社員食堂をオシャレな空間にデザインしなおすことで、社員が自発的に集まりやすくし、情報交換をしやすくしている企業も出てきています。既存の空間や仕組みも、設計次第でナレッジ交流がおこなわれる「場」に変えることは十分可能なのです。

コミュニケーションは設計8割、スキル2割

　ナレッジ交流には、メンバー1人1人が率先して気づきや学びを発信する組織風土の醸成がなにより大事です。とはいえ、個人個人のコミュニケーション能力や、情報発信のメンタリティに依存しすぎていては、なかなかうまくいきません。

　コミュニケーションスキルやマインドが低くても、各メンバーが気軽に情報発信しやすい。
　メンバーの気づきや悩み、変化にまわりが気づきやすい。

　そんなスキルに頼りすぎないコミュニケーションデザインこそ、成長する組織を支えるのです。そのためにも、積極的にコミュニケーションが起こりやすい「場」や「きっかけ」を創造しましょう。

コミュニケーションに会社がお金を出す

　最近、ランチ会や懇親会、社内読書会など社員同士のコミュニケーションにお金を出す会社も増えてきました。会社がお金を出してくれることで、社員の参加のハードルが低くなりますし、なにより「ナレッジ共有を大切にしている」という会社からのメッセージにもなります。ナレッジ共有を、奇特な人のボランティア精神だけに依存しない、サステイナブル（継続的）な取り組みにするための仕掛けの1つともいえるでしょう。

5-2

人と組織を計画的に育てる
人材育成

　より価値の高い業務・サービスを運営できるよう、個人も組織もともに成長する組織を作るためには、人の採用と育成を計画的にデザインする必要があります。

　あなたのハンバーガーショップ、オペレーションだけをこなすお店であれば、そんな大袈裟なことをやらなくてもいいかもしれません（それでも人によって得意／不得意がありますから、オペレーションが得意な人材を見極めて採用しないとうまくいかない可能性はありますが）。しかし……

　新たな世界観を提供するハンバーガーショップを目指しているとしたら？ たとえば、リゾートホテルのようなワンランク上のおもてなしをめざすお店がコンセプトであるならば？

　あるいは、お客さんが来店してから退店するまで、すべての瞬間において心躍るような楽しさを演出するハンバーガーショップを運営したいとしたら？

「リゾートホテルで接客を経験したことのある人」
「アミューズメント施設での企画業務経験者」
「人を楽しませることが好きな人」

　このような、プラスアルファの経験や興味がある人を採用したいでしょう。また、仮に未経験者を採用するとしても、「習うより慣れろ」で放置していては、理想的な人材はなかなか育ちません。競合他社にも差をつけられてしまうでしょう。したがって、人材要件を定義し、採用や育成の計画を策定して実践する必要があります。

(1) スキルマップ（人材要件）を描く

　その業務やサービスの運営にどのようなスキル／経験／関心／意欲をもった人材が必要なのか？　スキルマップ（人材要件）を描きましょう。用意するものは、紙と鉛筆、あるいは Excel とパソコンでもかまいません。次のような表を作って、埋めてみてください。

スキルマップの例

必要スキル （スキル／知識／技術／経験）		必要性と現有状況 ◎：必要かつ十分なスキルを有する（強化不要） ○：必要かつそこそこのスキルを有する（要強化） △：必要だがスキル未習得（要強化） ―：不要				
		Aさん	Bさん	Cさん	Dさん	Eさん
汎用スキル	会計の知識	◎	○	―	―	―
	Excel のスキル	○	◎	―	―	―
	接客の経験	○	○	○	○	○
	英語接客能力	―	―	△	○	◎
	--------	△	△	△	―	―
特殊スキル	ハンバーガーショップ勤務経験	◎	◎	○	△	△
	調理師免許	―	―	―	○	◎
	食材管理の経験	○	○	◎	―	―
	--------	△	△	△	△	△

出典：『マネージャーの問題地図』沢渡あまね著、技術評論社

縦軸

　求めるスキル（含む：技術／知識／経験／関心／意欲など）を書き出します。汎用スキルと特殊スキルの2つに分けてみてもいいでしょう。

> 汎用スキルの例

・プレゼンテーション能力
・プレゼン資料作成能力
・ロジカルシンキング
・挨拶ができる
　など

> 特殊スキルの例

・Javaのスキル
・Illustratorを使ってPOPやチラシを作成できる
・税理士の資格
・飲食業における接客経験（1年以上）
・将来自分でお店を持ちたいと思っている
　など

横軸

　メンバーの名前（職位や匿名でもかまいません）を書き出します。各々のメンバーごとに、縦軸に置いたスキル習得の必要性の要否と、有無（いまそのスキルがあるかないか）をプロットします。

> 例

◎　→　必要かつ十分なスキルを有する（強化不要）
○　→　必要かつそこそこのスキルを有する（要強化）
△　→　必要だがスキル未習得（要強化）
―　→　不要

「え、スキルマップですか？　ウチの会社でも人事部から記入しろと言われますが、キレイごとが並んでいるだけで、現場の業務運営にはまったく役にたちません……」

　スキルマップを描いてくださいと言うと、このようなネガティブな反応を

いただくことがあります。

　そのとおり。人事部や本社が作るスキルマップは、目的や目線が違うからです。一般的に、「人事部門目線」「本社目線」で描くと、理想論的かつ教科書的になるきらいがあります。一括採用や、人事評価（あるいは部門評価）のために、どうしても総花的で、現場のニーズを反映しないものになってしまうのです。

　ここで描いてほしいスキルマップは、現場の採用、育成および業務・サービスの維持向上のためです。いわんや、スキルがない人にダメ出しをするためのものでもありません。実際に業務を運営するチーム単位で、現場目線で描いてください。

(2) スキルの調達方法を定義し、計画する

　スキルマップが描けた段階で、すでに現状と理想の差が浮き彫りになっています。足りないスキル、強化したいスキルは見えているはずです。次は、足りないスキルの調達方法、および強化方法を定義し、計画します。

・スキルを有している人を採用する
・外部の専門家を呼んで教育してもらう
・外部の講座や講演を受講する
・専門書を買って読む
・資格を取得する
・スキルのある人とない人の組み合わせのチーム編成をして、全体的なスキルアップを図る
・スキルアップにつながるようなチャレンジ業務を作って、自ら経験する

　スキルの調達方法、強化方法はさまざまです。内製／外注、幅広なオプションを視野に入れて考えてみましょう。

(3) 育成計画を策定する

　だれが、どのスキルを、いつまでに？
　どんなやり方で身につけるのか？
（OJT か研修など OFF-JT か？　資格取得か？）

　具体的にスケジュールに落とします。第4章で作成した、年間運用スケジュールにプロットして、やり漏れがないようフォローするのもいいでしょう。「時間があったらやる」「気が向いたらやる」にせず、確実に育成が実行されるようマネジメントしましょう。

(4) スキルマップをふりかえる

　半年、あるいは1年経過後、チームメンバー全員でスキルマップを再度眺めてみましょう。

　自分たちがどこまで成長したか？
　依然として足りないものはなにか？
　新たに必要なスキルは何か？

　成長のふりかえりとスキル要件のアップデートをします。
　スキルマップはさまざまなメリットをもたらします。自分たちの理想と現在位置を知るきっかけになるとともに、新たにメンバーとして加わる人に、この組織でがんばると

「どんな経験ができるのか？」
「どんな人と出会えるのか？」
「どんなスキルが身につくのか？」
「その結果、自分がどのように成長するのか？」

と、この組織で過ごす未来を見せる（あるいは想像させる）ことができます。採用活動で候補者に公開すれば、仕事と人材とのミスマッチを予防できます。候補者本人も期待していなかった、その仕事における意外な可能性を感じてもらうこともできるでしょう。その結果、仕事にコミットする意欲の高い人を採用できる可能性も高まります。

「習うより慣れろ」「とりあえずOJT」の文化から卒業し、意識的かつ主体的に育成をデザインしましょう。

5-3 ムリ・ムダをなくして働きやすくする／本来価値にコミットできる環境を作る

業務改善促進

「中長期の成長戦略を考えなければいけないのはわかる。しかし、そんな時間はない……」
「目先の仕事で手一杯」

　私が企業や自治体からご依頼をいただき、働き方改革や生産性向上のワークショップをすると、多くの職場からこのような声が聞こえてきます。
　無理もありません。働き方改革の影響で、経営陣からは「労働時間を減らせ」「残業するな」といわれる。一方、仕事の量は増える。コンプライアンス強化、ガバナンス強化の名の下に、管理のための仕事も増える。この状況、手をこまねいていても解決しません。
　通常、企業は成長を前提に事業計画を組みます。すなわち、普通にしていたら、仕事の量は増えて当然です。よって、意図的に時間をとり、計画的にリソースを確保し、担当者を決めて、いまの仕事のやり方を見直さなければなりません。すなわち、業務改善をする必要があります。
　すでに業務改善の専門書は多数出回っているので、ここではあなたの組織が業務改善を定着させるためのキーポイントだけをかいつまんで説明します。

(1) なぜ業務改善をする必要があるのか？

　なぜ業務改善をする必要があるのか？　ずばり、組織をアップデートするためです。

組織をアップデートするとは、あなたをとりまく外部環境（市場、地球環境、技術環境、人口動態、法制度など）および内部環境（会社の仕組み、体制や財政、組織を構成する人たちの特性など）にあわせて、仕事のやり方を時代遅れにしないことです。外部と内部、双方の環境の変化を察知し、考え方や仕事のやり方を新しくしていかないと、あなたの組織は市場で生き残っていくことができません。また、いい人材も定着しません。
　業務改善に取り組む意義は、具体的には2つです。

1. ムリ・ムダをなくして働きやすくする

　繰り返し性のある作業。
　モチベーションの下がる「やらされ感」満載の仕事。
　手戻りやヒューマンエラーが起こりやすい仕事。
　紙や押印を伴う作業。
　定時内に終わらない仕事。
　もはやだれも得していない、形骸化した会議や資料作成。

　このようなムリ・ムダな仕事をなくす、あるいはITなどのテクノロジーを使い瞬時に終わるようにすることで、メンバーが働きやすい環境を構築します。IT化することで、オフィスなどの場所にとらわれない働き方、すなわちリモートワークも可能になり、より多くの人が働けるチャンスも広がります。

2. メンバーが本来価値にコミットできる環境を作る

　「プログラマーなのに、代表電話の応対が頻繁で、プログラムを書く時間が取れない」
　「マーケターなのに、社内の説明資料作りで手一杯。市場を見る時間がない」

　これは健全な状態といえるでしょうか？
　各個人が、本来の専門性を発揮できる環境。ひいては、そのチームや部署、その会社が本来の価値を発揮することに全力投球できる環境を作らなけれ

ば、組織も個人も陳腐化します。

(2) 改善活動、最初のひと押しをするポイント

「業務改善、旗を振れどだれも踊らず」

　これ、とくに大企業によくある景色です。あなたの組織が、改善のはじめの一歩をまず踏み出すためのヒントを紹介します。

1. やめることを決める

　業務改善に取り組もうとするとき、とかくなにか新しいことを始めようとしがちです。とりわけ「働き方改革」など大袈裟なキャッチフレーズを経営層が掲げられていると、「目立つ」「奇をてらった」ことを始めないといけないような強迫観念が現場に重くのしかかります。でも、むしろいままでやっている何か（慣習的行動など）をやめたほうが、即効果が出ます。以下、やめることを決めるためのアプローチを4つ示します。

①嫌なことをやめる

　人はだれしも、面倒くさい仕事、嫌な仕事はやりたくないもの。この人間ゆえの特性を活用して、この際各自が嫌だと思っている仕事を書き出し、やめられるものはやめてしまいましょう。

②間接業務／事務作業をやめる

「申請作業」
「紙とハンコを伴う業務」

　このような、直接価値を生まない間接業務や事務作業を極力排除する。それだけでも、「わざわざ」記入する、「いちいち」説明する、「毎度毎度」押印を待つ時間が発生するなどの無駄や手戻りをなくすことができ、生産性向上に大きく寄与します。

③「仕事した感」「仕事のための仕事」をチェックする

　上記の間接業務にも関連しますが、私たちは日々「仕事した感」しかない仕事や、「仕事のための仕事」に囲まれています。

・社内報告のための報告資料の作成
・稟議のためのハンコリレー
・本来手続きをかんたんにすれば発生しないであろう、手続きの説明作業や差し戻し作業
・毎度毎度、相手を呼び出して対面でおこなう打ち合わせ
・もはや話す内容のない、定例会議

　……このような仕事を徹底的に洗い出し、片っ端からやめてみましょう。相手の生産性向上にもなり、あなたの組織のイメージや価値が上がります。

④繰り返し発生する仕事をチェックする

　2回以上発生する仕事は、標準化／自動化の余地があります。

「次からは考えずにできるようにする」
「次からはもっとラクにやる」

　この発想が、無駄に気づきやすい意識を醸成します。

2. テーマを決める

「無理、無駄を洗い出せ」
「改善提案しろ」
「やめることを決めろ」

　いきなりいわれても、なかなか答えられないもの。なぜなら、日頃から「何が無理で、何が無駄が？」「何をやめていいのか？」と何かしらのアンテナを立てていなければ、気づけないからです。
　よって、アンテナを立てる行為、すなわちテーマを設定してみましょう。

以下、「無理」「無駄」に気づく、あるいはやめることを決めるためのテーマ設定の例です。

①紙をなくす

とにかく紙をなくす。紙を伴う業務や作業は、さも常識であるかのごとく存在し、あなたたちと相手の時間を悪気なく時間を奪い続けます（例：紙がない。コピー機が故障した。トナーが切れた。手書きしないといけない。記入ミスをしてやり直し。保管する手間、探す手間が発生する）。また、場所の制約も発生させます（例：ハンコを押すためにわざわざ帰社しなければならない。保管スペースを確保しなければならない）。

紙を伴う業務や作業は極力なくしましょう。

もちろん、紙にもメリットはあります（例：視力が弱い人にとって文字が見やすい。複数名で議論しやすい。意外な第三者に伝達しやすい／気づいてもらいやすい）。紙のほうがメリットがあるシーンは、個人の仕事のやりやすさ（生産性）や趣向に応じて紙を使う。これは、いい紙の使い方であると考えます。しかし、それが絶対条件ではないはずです。「基本は電子。紙はオプション」。このくらいの発想で、ペーパーレスを進めていきましょう。最近、茨城県庁が庁内のワークフローを電子化し、ハンコ作業をなくしたと話題になりました。企業／自治体／官公庁に関わらず、やればできるのです！

私は #明日電子になあれ　のハッシュタグで、電子化してほしい仕事、ペーパーレスにすることによってラクになる業務をたびたび指摘して発信しています。よろしければ Web で検索してみてください。そして、みなさんもぜひこのハッシュタグで発信してください。

②対面にこだわらない

対面の打ち合わせも、悪気なくあなたと相手の時間を奪い、なおかつさまざまな「仕事した感」「仕事のための仕事」を発生させ続けます。とくに、その打ち合わせをおこなうための周辺稼動の無駄やリスクに注目してください。

・会議室を探す無駄

- 会議室の空き日程と並行して、お互いの空き時間を調整する無駄
- 複数の候補日程を、お互い確保し続けるリスクと機会損失
- 移動時間の無駄、移動コストと労力の無駄
- 自然災害、移動手段のトラブルなどのリスク
- リスケジュールのリスクと手間

　対面のよさはもちろんたくさんありますが、とはいえ毎回対面の打ち合わせをおこなうのは、今の時代リスクと損出が多すぎます。たとえば、企業の採用面接も、役員面接や最終面接はさておき、会社説明会や一次面接はリモートとして、Web会議ツールを通じておこなうのもいいのではないでしょうか。

企業側のメリット
- 地方の優秀な学生と出会えるチャンスが広がる
- 交通機関のトラブルにより候補者が来られなくなるリスクを軽減できる
- 人事部による応接室や会議室の大量占拠がなくなり、事業部門の活動を阻害しない

学生側のメリット
- いい企業と出会えるチャンスが増える
- 就職活動のためのお金（スーツ購入費用、クリーニング代、交通費など）と時間を節約できる

　従来の採用活動にはじつに儀礼的なムダが多く、それらを排除するだけで、企業側も本来の事業活動に専念でき、学生も学業とキャンパスライフにより専念できます。考えてもみれば、学生に金銭的と時間的な負担を強いる採用活動は、企業の社会的責任の観点でもほめられたものではありません。
　また、採用活動のリモート化は、企業側が（人事部門、事業部門の面接官）が新しいITツールとコミュニケーションスタイルに慣れるチャンス。すなわち、自社の社員を時代遅れにしない人材育成の機会にもなります。

3.「やってみる」「やめてみる」「期限を決める」

　改善のはじめの一歩を踏み出すための、3つの「る」があります。「やってみる」「やめてみる」「期限を決める」です。

「やってみる」
　新しいやり方を試してみる。新しいシステムやツールを使ってみる。

「やめてみる」
　無駄だと思う仕事をやめてみる。頻度を減らす。

「期限を決める」
「まず1回やってみましょう」
「1週間だけやめてみませんか？」
　このように、やってみる／やめてみる期限を決めて、ふりかえる。

　小さなことからでもかまいません。この3つを踏み出してみませんか？
　人は、変化を怖がる生き物です。改善や改革には抵抗勢力もつきもの。だからこそ、「期限を決める」そして「ふりかえる」。この設計があるだけで、抵抗勢力もしぶしぶ（または安心して）チャレンジすることができます。

「やってみたら、意外とできてしまった」
「やめてみたら、ラクになった。もう元には戻れない！」

　私自身、そのような抵抗勢力の変化をいままで何度も目にしたことがあります。まさに、社内のユーザーエクスペリエンスによる小さな成功体験が、改善や改革を後押しするのです。
　「やってみる」「やめてみる」際、期限以外にも以下の条件を設定すると、より安心して進められるでしょう。

開始条件
「やってみる」「やめてみる」を開始する条件

（〜プロジェクトが終わったら開始する、予算がついたらすぐ開始する
など）

中止条件
「やってみる」「やめてみる」を中断する条件
（クレームが3本来たら中止する、残業時間が○時間を超えるようであれば中止する、など）

終了条件
「やってみる」「やめてみる」を終了する条件
（メンバー全員が習慣的に行動できるようになったら終了する、など）

　中止した場合、終了した場合、いずれにおいても、必ずふりかえりをしてください。それが、あなたの組織の改善風土を醸成します。

(3) 業務改善活動を定着させる

　いつも最初の勢いだけ。業務改善をしようと試みるも、一過性のお祭り騒ぎで終わってしまったり、上を満足させるための「改善したふり」「検討だけしてオシマイ」の組織も少なくありません。私がこれまで200以上の職場を見聞きして、改善が風土として定着している職場には、7つの特徴があります（すべて、あるいはいずれかを満たしています）。

1. 時間を確保する

「目先の仕事が忙しくて、業務を棚卸しする時間がない」
「改善を検討する時間がない」
　人は目先の仕事で手一杯になる生き物です。よって、組織で決めて、改善のための時間をとらないと、いつまでたっても時間は生まれません。
　週2時間は、改善検討の時間をとる。少しずつでもかまわないので、計画して時間を確保しましょう。

2. 役割を決める

　改善の旗振りをする推進者、および参画者の役割を決めましょう。
　よっぽど改善意識の高い組織（あるいは改善がカルチャーとしてなじんでいる組織）はさておき、気の利く有志、物好きなボランティアが自発的に改善を進めている職場も散見します。その人がいなくなってしまったら、改善はそこでストップ。きわめてリスクの高い状態です。

3. お金を使う

　改善や改革にはお金もかかります。改善を勉強するための学習のお金（例：書籍を購入する、外部のセミナーを受講する、研修を受ける）、環境整備のためのお金（例：ITツールを整える、クラウドサービスを利用する、オフィス空間を働きやすくリニューアルする）、改善そのものを進めるためのお金（外部コンサルタントを起用する）。トップがただ「改善をしろ！」「働き方改革だ！」と叫んでいるだけ。まともにお金をかけない。こんな、経営にとってだけ都合のいい話はありません。トップの本気度が疑われ、メンバーの組織に対するエンゲージメントも低くなります。現場の創意工夫以上のものを求めるのであれば、きちんと予算をとり、お金を正しく使いましょう。それは、組織と個人の成長のために必要な投資です。

4. 評価する

　改善の旗振りをする人を評価する。改善活動に参加した人を評価する。改善活動により、変化が見られたら評価する。成功したら評価する。
　人事評価、トップによる激励のメッセージ。いずれも、改善活動をする人たちのモチベーションを支えます。その際、結果だけではなくプロセス（改善に向けた取り組み）も評価するようにしてください。改善や改革が実を結ぶには、往々にして時間がかかります。途中で投げ出さないためにも、プロセスへの注目と評価は大変重要です。

5. 成長実感がある

　改善活動を通じて（あるいは改善活動の結果）、自分たちの目線が上がった、問題解決能力が身についた、プロジェクトマネジメントができるようになった、本業にコミットできるようになった、新しいチャレンジができるようになった……このような成長実感が、メンバーの継続的な改善意欲を高めます。よって、改善活動に取り組む際、できれば成功実感のあるテーマやアプローチから始めてみてください。それによって、改善活動にはずみがつきます。

　逆を言えば「改善したふり」「上を満足させるための改善ごっこ」からは、メンバーは成長実感を得られません。社内政治力、部門間「つな引き力」は身に着くかもしれませんが……。

6. ラクになる／楽しさがある

「紙作業がなくなってラクになった」
「押印が電子承認に取って代わられたから、出張先からわざわざオフィスに戻らなくていい」
「新しいクラウドサービスを使うって、なんだか楽しい！」
「このITシステムの画面。操作性がよくて、画面をタッチしていてなんだか気持ちいい。作業が苦にならない」

　人は本来、ラクすること、楽しいことを好む生き物です。ラクになる、楽しい、おもしろい、気持ちいい。このような感情が生まれるような改善アプローチも検討してみましょう。再び。「改善したふり」「上を満足させるための改善ごっこ」からは、楽しさは生まれません。

7. 外を知る

　改善が根付いている組織は、外の風にどんどんと触れています。

・外部の専門家や、業界他社、他業種の人たちと交流する

・外部のセミナーやフォーラムに参加する。情報発信もする
・積極的に読書する

　井の中の蛙であっては、組織をアップデートできません。積極的に外に出て、組織も個人も時代遅れにならないようにしましょう。

(4) コラボレーションの阻害要因をなくす

　中の人たちだけで改善をするにも、限界があります。

・組織の問題を指摘できない
・何が減らすべきムダ・ムリかわからない
・問題解決のスキルがない
・中の人たちだけだと、どうもだらけてしまう

　改善活動そのものを進めるための能力不足もあれば……

・既存の業務を減らしたいが、なくすわけにはいかない
・既存の業務を専門家に任せ、もっと効率よくこなしてほしい

　このように、既存業務を回すリソースをどう確保するかも課題です。「中の人たちだけでムリしてがんばろうとしない」この決めも大事です。積極的に外の専門家を頼り、健全に成長していきましょう。
　外の人たちとつながって改善を進める＝コラボレーションです。コラボレーションが起こりやすく、進めやすくするためには、邪魔する要因が社内にないかを今一度疑ってみてください。

コラボレーションを邪魔する要因の例
・面倒な稟議書
・決裁をとるためのハンコリレー
・煩雑かつすべて紙ベースの事務手続き

- 部課長にさえまともに与えられていない決裁権限、決定権
- 「とりあえず打ち合わせしましょう」
- 打ち合わせはすべて対面
- 外部の人への電子ファイル送信は、すべて「圧縮ファイル＋パスワードつき」

　これからの時代、コラボレーションは改善活動のみならず、事業の継続的な発展を支える要です（あのトヨタも、IT企業と積極的にコラボレーションする時代ですから）。コラボレーションを邪魔する古い慣習や制度をどんどん指摘して、どんどんなくしていきましょう。さもないと、あなたの組織、優秀な取引先から見向きもされなくなります。

(5) 自動化を検討する

　これからの時代、すべての業務を人手でこなすには限界があります。積極的にITを頼り、自動化しましょう。
　RPA、AI、IoT、クラウド……このようなコトバに踊らされるのではなく、自分たちの業務をラクにして、本業によりコミットできるようにするため、コミュニケーションを確実かつ迅速にして社内外のコラボレーションを促進するための手段として、ITを積極的に活用してください。
　ITは単なる自動化ツールではありません。過去の膨大なデータからあなたが必要とする情報を提案（サジェスト）してくれたり、グラフで示してくれたり、「ITならでは」の独自の価値を提供してくれます。ITがもたらす価値向上の側面にも目を向けてください。
　最新のITを使いこなせる人材は、価値が高まります。ITを使いこなせる、優秀かつスピード感のある人たちとつながって仕事ができます。同じITサービスを使う企業や個人と、すみやかに協業することも可能です。新たなコラボレーションのチャンスや、あなたの組織がより高い価値を出すチャンスが増えるのです。

(6) ダイバーシティと業務改善の関係

　ダイバーシティ＝（人材の）多様性。近年、ダイバーシティ経営を謳う企業が増えてきました。女性活躍推進、外国人採用、障がい者雇用など、多様な性質やバックグラウンドを持つ人材を登用し、市場や環境の変化に柔軟に対応できる組織を創ることを目的としています。
　ダイバーシティは、業務改善にも大いに寄与します。

・製造業の鋳造の現場に女性社員を登用
　⇒力をかけずに作業できるよう、既存の工具や装身具、機器を改良した
　⇒男性のベテラン社員の作業もラクになった。ヒヤリ・ハットや怪我も減った
　⇒製品の品質向上や改良など、本来業務に注力できるようになった

・ファミリーレストランで、外国籍のフロアスタッフが増えてきた
　⇒業務システムのインターフェースの複雑さが課題に
　⇒よりシンプルで、日本語が不得意なスタッフでも直感的に操作できるインターフェースに変更
　⇒デバイスも、iPadなど世界共通でなじみやすいものに変更
　⇒その結果、日本人スタッフ、高齢のスタッフなどを含む、スタッフ全員の業務効率が上がった
　⇒オーダーミスなどのヒューマンエラーも減り、顧客満足の向上と運営コストの削減にも寄与

　業務がシンプルになれば、多様なバックグラウンドを持つ人が活躍できる環境に変化します。ダイバーシティ活性⇒業務改善の促進⇒ダイバーシティ活性……このような好循環につながるのです。
　残念ながら、ダイバーシティが言葉遊びに終わっていて、ただ単に女性管理職の比率を無理やり上げたり、仕事のやり方を見直さずして外国籍の社員を登用し、結局定着しない企業も多く見られます。"ダイバーシティごっこ"は卒業し、業務改善との相乗効果につなげられるよう組織設計しましょう。

(7) とどのつまりは、あなたの組織が「どうなりたいか？」「どうありたいか？」

　なぜ、業務改善が大事か？
　とどのつまりは、あなたの組織が「どうなりたいか？」「どうありたいか？」を突き詰め、ありたい姿になるためです。現状に甘んじていては、他社に差をつけられる一方です。組織も個人も、どんどんコモディティ（付加価値の低い汎用品）化します。

　私たちは、チーム単位、部単位、会社単位、どこで勝っていくのか？
　どのような仲間と仕事がしたいのか？

　その議論をする時間を創るためにも、業務改善に投資してください。アップデートされない、時代遅れな組織に、未来はありません。

　以上、業務改善のポイントと大切さを述べました。あなたの組織における、業務改善の体験や経験そのものが、組織の貴重なナレッジです。また、なによりの人材育成にもなります。
　向き合う対象は、あなたたちの日々の業務そのもの。そして、あなたたちの近未来。日常空間と完全に切り離されて、リアリティのない架空の題材をもとにおこなうスタンドアロン型の研修や、「気合・根性主義」の体育会系の研修よりはるかに有意義な育成の機会であるともとらえてください。

COLUMN

プロジェクトのキックオフ／終了時に決意表明／ふりかえりをやろう

　本書は、業務・サービスの運用をメインにした設計や改善のポイントを解説しています。ふりかえりの重要性も、おもに価値ある運用をおこなうための視点で触れていますが、ふりかえりは新規業務やシステムの立ち上げ、開発などにも十分役に立ちます。

　世の中は、立ち上げただけ、開発しただけの残念な業務やサービスで溢れています。それは、立ち上げる人、開発する組織の価値を下げてしまいます。立ち上げ組織こそ、ふりかえりを大切にしてください。具体的には、そのプロジェクトのキックオフ時に決意表明をし、終了時にふりかえりをやってほしいです。

キックオフ時

「組織として、このプロジェクトでどう成長したいか？」
「個人として、このプロジェクトでどう成長したいか？」

終了時（ふりかえり）

「組織として、このプロジェクトでどう成長したか？」
「個人として、このプロジェクトでどう成長したか？」
「このプロジェクトを通じて得た学びや教訓は？」

　ふりかえりの際、本章で紹介したKPTを活用すると、明日につながるいいふりかえりができるでしょう。いかなる組織においても、ふりかえりは価値の源泉です！

人と組織を継続的に成長させる

環境セットアップ／ブランドマネジメント

この章で学習すること

1. メンバーの行動や成長を動機づけする　　〜コミュニケーション／モチベーションマネジメント
2. 働きやすく成長しやすい環境を整える　　〜環境セットアップ
3. 自組織の認知とプレゼンスを高め、組織内外のファンを増やす　　〜広報／ブランドマネジメント

あなたが店長を務めるハンバーガーショップ。
お店のオリジナリティが世の中に評価されたようで、
売上は順調に推移。新商品も順調に売れ、
多店舗展開も視野に入ってきました。
ただ、一方でオープン当初にはなかった新たな課題も出てきました。

「忙しすぎて、スタッフが疲弊気味に」
「店長とマネージャー、マネジャーとスタッフ、
スタッフ同士のコミュニケーションが希薄に」
「仕事が合わなくて、社員を採用してもすぐに辞めてしまう。
アルバイトスタッフも定着しない」

単なる労働力として、決められた業務を淡々とこなす人を
集めたいのであれば、それでもいいかもしれません。
しかし、それではいい人材は定着しません。
なにより、人も組織も成長しません。
その結果、組織そのものが陳腐化し、高い価値を出せなくなります。

「このハンバーガーショップで働くとはどういうことか？」
「このハンバーガーショップのフロアスタッフを経験することで、どんな
成長ができるのか？」

人も組織も健全かつ継続的に成長するためには、
このような問いかけと行動を繰り返していく必要があります。
この章では、運営組織そのものの認知やプレゼンスを高め、
よき協力者が集まるようにするための環境セットアップ、
その結果として運営組織と人材のモチベーションを
維持向上させるためのマネジメントを学習します。

6-1 メンバーの行動や成長を動機づけする

コミュニケーション／モチベーションマネジメント

ただなんとなく日々の業務をこなしているだけでは、メンバー（あるいはマネージャー自身）は成長のきっかけを得ることができません。よほど意識が高い人であれば、自ら与えられた仕事やそこで働く意味を見出し、主体的に学習をして成長しますが、そのボランティア精神だけに依存しては組織の継続的な発展は期待できないでしょう。したがって、意図的にメンバーの主体的な行動や成長を促す動機づけをおこなう必要があります。

(1) エンゲージメント

「エンゲージメント（Engagement）」という言葉が、最近新たなマネジメントキーワードとして徐々に注目を浴びるようになって来ました。エンゲージメントとは、企業や商品、ブランドに対して利用者が愛着を持っている状態のことです。

エンゲージメントを組織とそこで働くメンバーの構図に当てはめてみると、その組織や仕事に愛着や誇りを持っているかどうかの「つながりの強さ」ととらえることができます。メンバーの、所属組織（所属会社、所属部署、担当職種や職務）に対するエンゲージメントが高ければ高いほど、モチベーションも生産性も高く、内発的動機づけによって人も組織も健全に成長します。

日本の企業でも、2018年頃からようやくエンゲージメントに対する関心が高まって来ました。2016年以降、日本では「働き方改革」の名のもと、おもに長時間労働の削減や抑止を軸とする施策が展開されてきました。一方

で、現場からは次のようなネガティブな声も。

「業務量そのものは減っておらず、無理矢理な感じがする」
「職場の空気がギスギスして、コミュニケーションが希薄になった」
「教育、育成の時間がなくなった」
「制度やルールでがんじがらめ。息苦しく窮屈な感じがする」

　さまざまな問題が明るみになってきました。
　加えて、少子高齢化による労働力の減少も（とりわけ地方を中心に）深刻な問題として顕在化しつつあります。労働時間の削減や高い賃金ももちろん大事ですが、従業員の組織や仕事に対する愛着や誇りも魅力的な組織作りに重要な要素です。そこで、エンゲージメントが脚光を浴び始めたのです。
　また、企業の健全性や成長性を評価する指標の1つとして、従業員満足（ES＝Employee Satisfaction）を重視しつつある潮流も見逃せません。企業の格付けをおこなう第三者評価機関が、その企業の従業員満足度調査の結果や、従業員満足向上のための取り組みを投資家に公表する動きも高まってきました。いまや、従業員のエンゲージメントが企業の経営を左右する時代です。
　そのような時代にあって、企業も官公庁も自治体も、労働時間削減一辺倒の「働き方改革」から、次のフェーズ、エンゲージメントの向上に「働き方改革」のテーマをシフトしつつあります。エンゲージメントの低い組織は、従業員や取引先、さらには株主や投資化などの外部ステークホルダーからも見放されてしまうのです。
　エンゲージメントの向上は、企業組織単位のみならず、職場やチームなど小組織単位の取り組みも重要です。では、あなたのチームのエンゲージメントをどのように高めていけばいいのでしょうか？

(2) ビジョンニングをする

　将来のイメージ、すなわちビジョンを描いてメンバーに浸透させることを「ビジョンニング」といいます。

ビジョンは、ただ「描いてオシマイ」では"絵に描いた餅"にしかなりません。自組織や自チーム向けに噛み砕いて、時にメンバーの目線に寄り添って

「ビジョンが達成／実現できている状態とはどのような状態か？」
「ビジョンを達成／実現するために、現場ではどう行動したらいいか？」
「そのビジョンを達成／実現することで、メンバーにどんなメリットがあるか？」

を手を変え、品を変えして、メンバーの共感と主体的な行動を促します。

1. 上位ビジョンやポリシーの理解

まずは、上位ビジョンやポリシーを理解しましょう。すでに組織全体としてのビジョン、ミッション、ポリシーが設定されているかもしれません。なければ、これを機に話し合って設定してください。

「このハンバーガーショップをどうしていきたいか？」
「このハンバーガーショップは、だれをどう幸せにしたいのか？」
「このハンバーガーショップの、世の中における存在理由は？」

オーナーと議論して明確にしましょう。ビジョンやミッション、ポリシーは、その組織のありたい姿であり、ものごとの優先度や判断をおこなうための軸となります。ビジョンやミッション、ポリシーがない組織は、経営がぶれ、やがて陳腐化します。
ただし、会社単位、組織単位のビジョンやポリシーは、往々にして"ふわっ"としていて、現場のマネージャーやメンバーからすると地に足の着いていない感じがします。そこで、あなたは、上位ビジョンやポリシーを、現場目線に噛み砕いて設定〜伝達する必要があります。

2. チームのビジョンやポリシー、「大切にすること」の設定

会社単位など、上位組織のビジョンやポリシーを設定しただけでは、現場

のメンバーの行動に変化を起こすのは難しいです。上位のビジョンやポリシーを汲み取りつつ、あなたの部署、チーム、あるいは職種単位のビジョンやポリシーを設定しましょう。

「ビジョン」や「ポリシー」という言葉が大袈裟すぎてピンとこなければ、「大切にすること」くらいにとらえてもいいでしょう。

「フロアチーム（フロアスタッフ）は何を大切にするのか？」
「どんなふるまいをよしとするか？」
「このハンバーガーショップの、フロアチーム（フロアスタッフ）らしさとは？」
「キッチンチーム（キッチンスタッフ）は何を課題ととらえ、半年後、1年後どう成長したいか？」
「その結果、お客さんからどう見られたいか？　どう思われたいか？」
「そのチームではどんな経験ができて、どう成長する未来があるのか？」

　これらがしっかりと設定され、浸透している職場には"迷い"がなくなります。

・仕事の優先度を決められない
・「問題意識が低い」と上から言われるものの、そもそも何を問題としてとらえればいいのかわからない
・「改善しろ」といわれるが、なにを改善していいものかわからない
・「お客様満足向上を目指せ」と言われても、満足のさせ方もいろいろある。どのやり方がいいのやら……
・日々、どんな視点を持って、どんな変化を気にしていたらいいかわからない
・日頃、何にアンテナを立てて、何を積極的に勉強したらいいかわからない

　このような悩みが減ります。いわば、日々の仕事に取り組むうえでのテーマが設定されます。

3. チームのビジョンやポリシー、「大切にすること」の浸透

　チームのビジョンやポリシー、「大切にすること」もまた、設定しただけでは意味がありません。リーダーが中心となり、メンバーに浸透させていかなければ、メンバーはなかなか行動に移すことができませんし、エンゲージメントも高まりません。

　とはいえ、念仏のように唱えていればいいかというと、そういうものでもありません（もちろん、リーダーが繰り返し言い続けるのも大事ではありますが）。制度やルールによる強制も、逆効果に働く可能性があります（よく「当事者意識を持て！」と叫んでいるだけの経営者や管理職を見かけますが、言われれば言われるほどエンゲージメントが下がり、当事者意識がなくなっていくものです）。

- ビジョン、ポリシー、「大切にすること」を職場の目につくところに掲げる（ただし、威圧的になりすぎないような配慮も必要）
- ビジョンやポリシーを覚えやすいようなキャッチコピーを作る（口ずさみやすく、覚えやすいものがいい）
- 新任者に、ビジョンやポリシーを説明する機会を必ず設ける
- チームの定例会などで、ビジョンやポリシーに沿った行動を促す
- 新しい業務を企画するとき、ビジョンやポリシーと照らし合わせて考えるよう促す
- トラブル対応や仕事の優先度を判断するシーンで、「大切にすること」を軸に判断する
- 年1回、チーム内で、「ビジョンやポリシーに沿った行動とはなにか？」を考えて議論する時間を設ける
- 「大切にすること」に沿った行動をしたメンバーをその場でほめる／チーム内イベントなどで表彰する

　このような取り組みが、チームのビジョンやポリシー、「大切にすること」の浸透を後押しし、メンバーの主体的な共感と行動を促すきっかけになります。

(3) 心理的安全性を担保する

「心理的安全性」この言葉も近年、マネジメントのキーワードとして注目されています。Googleは、生産性が高くかつ働きやすい組織の重要要素の1つとして、心理的安全性を挙げました。チームのメンバーが気兼ねなく発言、提案したり、本音を言える職場環境は、チームの結束とエンゲージメントを高め、メンバー1人1人が高いパフォーマンスを上げる健全な組織風土を育みます。

では、心理的安全性の高い組織風土はどうやったら醸成されるのでしょうか？

1. ビジョンやポリシー、「大切にすること」が浸透している

行動や判断に迷う必要がない——「迷いがない」状態は、心理的安全性を高める材料になります。メンバーの心理的安全性を高める意味でも、ビジョン、ポリシー、「大切にすること」の浸透は大事なのです。

2. 自己開示による相互理解を促進する

お互いがお互い、どんな仕事をしているのか？
何が得意で、どんな仕事をやりたいか？
いままでどんな仕事をしてきたか？
どんなときに相手を頼ったらいいのか？

そういったことがわからないと、組織やメンバーに対する信頼は生まれにくいものです。相手を知らないばかりに、悪気なく不得意な仕事を任せてしまったり、モチベーションを下げることを言ってしまったり、要らぬトラブルを生む原因にも。「あなたは何者なのか？」心理的安全性を高めるには、メンバー同士の自己開示が欠かせません。

以下、自己開示のための質問リストです。同じチームのメンバー同士、この質問リストに沿って、自己開示しあってみてはいかがでしょうか。

- いままで、どんな仕事をしてきたか？
- いままで、どんなことをほめられたか？
- 特技やスキルは？
- いま、どんな仕事をしているのか？
- 好きな仕事、得意な仕事はなにか？
- 苦手な仕事、できればやりたくない仕事は何か？
- いま興味のあること、勉強していることは？
- これから勉強したいことは？
- チャンスがあったらやってみたいことは？
- どんな時に最もモチベーションが上がるか？
- あなたのモチベーションが上がるひと言は？
- どんな環境が、最も仕事に集中しやすいか？
- どんな時にモチベーションが下がるか？
- 「これを言われるとモチベーションが下がる」というひと言は？
- いま困っていることは？
- どんな時に自分を頼りにしてほしいか？
- 趣味は？
- 人生において大切にしていることは？
- その他、リーダーやメンバーに知っておいてほしいことは？

　自己開示しあって得られた情報は、チーム内の役割分担や職務分担、コミュニケーション設計、育成計画などにつなげ、メンバーがモチベーションの高い状態で業務遂行できるよう役立てましょう。
　とはいえ、無理に自己開示させようとするのも良し悪しです（同調圧力により自己開示させようとすると、かえって心理的安全性が損なわれたり、強要するとハラスメントになることも）。

「自分の過去を言いたくない」
「人前で話すのが苦手」
「いまはまだ話せるようなネタがない」

　このような抵抗感を持つ人もいるでしょう。

自己開示の強要は禁物。また、メンバーのリアルは日々変化するもの。「たった一度だけ自己開示の場を設けて、それ以来は会話すらない」というようでは、メンバーの趣向やライフステージの遷移（結婚、出産など）にともなう仕事観などの変化（「これからしばらくはプライベートを優先したい」など）に気づけません。

自己開示の場を設定するのもいいですが、むしろ日々の業務で、あるいは休憩時間などにさりげなく自己開示しあえるようなきっかけや場、雰囲気を創出することこそ重要です（次項でくわしく解説します）。

3. 権限を与える

権限委譲も、メンバーの心理的安全性の向上に大きく寄与します。人は自分を信頼してくれる相手や組織を信頼するもの。仕事に対する主体性や責任感、ひいてはエンゲージメントも高まります。

メンバーに適切な権限を、安心して与えられるようにするためにも、これまで解説してきた組織設計、業務設計、役割設計、人材育成、コミュニケーション設計、そして自己開示しあえる環境セットアップが大事なのです。

(4) 必然の出会い／偶然の出会いをデザインする

メンバー同士、お互いをよく知るためには、必然の出会いと偶然の出会いの創出が大事です。

1. 必然の出会い

業務上の必要性に迫ってなかば強制的におこなう、知識共有、情報交換、自己開示などの場やきっかけです

2. 偶然の出会い

　日常の動線や業務の中で、お互いが自己開示しやすい（あるいはわざわざ自己開示しなくても、お互いのやっていることや悩みなどがわかるような）場やきっかけです。

例
・コミュニケーションコーナーの設置
・フリーアドレススペースの設置
・社内SNS／グループチャット
・読書会／輪読会
・社内報
　など

　組織内コミュニケーションや、自己開示を促進しようとするとき、必然の出会いばかりを考えがちです。しかし、じつは偶然の出会いのほうが思わぬ効果を発揮することはよくあります。偶然の出会いによって同僚の仕事に興味を持ったり、自分に興味を持ってもらえたり。それにより、自分の仕事の悩みを解決できたり。いままで知らなかった未知の技術を知ることができて、新たな目標ができたり。
　そのような偶然の産物で、組織に対する信頼が高まり、仕事が楽しくなれば最高です。何よりの、メンバーの内発的動機づけになります。必然の出会いのみならず、偶然の出会いもデザインしましょう。

(5)「知る」から生まれる好循環

　偶然の出会いがきっかけであれ、必然の出会いがきっかけであれ、人は「知る」を起点に組織や人に対する愛着、あるいは仕事に対する誇りを高めるもの。だからこそ、「知る」きっかけのデザインはとても重要なのです。

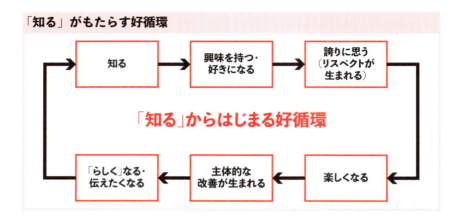

　このサイクルの中でメンバーのエンゲージメントは強くなります。よって、リーダーはこの好循環を作ってください。「知る」の対象は、以下の4つを考えてみるといいでしょう。

・人を知る
・組織を知る
・製品やサービスを知る
・外を知る

「知る」を諦めた組織に、成長はありえません。

(6) 成長イメージを設定する

「このチームでがんばると、メンバーはどう成長するのか？」
「この仕事をすることで、どんな経験ができて、どんなスキルが身につくのか？」
「この職種の醍醐味や魅力は？」

　これを自分たちの言葉で語れるようになったら、メンバーのエンゲージメントは高まるでしょう。また、その組織の価値が説明しやすくなり、共感し

た熱量ある人が新たにメンバーに加わりたくなることでしょう。

リーダーのあなたが考える、あるいはメンバー同士で話し合ってでもいいです。成長イメージを設定してみましょう。

(7) ビジョンニングがいい職場環境を創り、エンゲージメントを高める

しっかりとビジョンニングができている組織は、以下のような流れを作ることができています。

　ビジョンニングをおこなう
　⇒メンバーが仕事の意味や優先度を考え、主体的に行動できるようになる
　⇒メンバーの視座が高まる
　⇒メンバーに判断を任せられるようになる／権限委譲できる
　⇒オペレーションコスト／コミュニケーションコストが下がる
　⇒無駄な仕事が減る
　⇒より成長にコミットできる環境になる
　⇒エンゲージメントが高まる

　この流れの中で、組織も個人も健全に成長し続けます。一方で、ビジョンもなければ、何かを決めるにも時間がかかり、いつもハンコリレー。そのような組織はスピード感がなく、コミュニケーションコストもオペレーションコストもかかり、メンバーのモチベーションも低め。ビジネスチャンスを逸し、どんどんといいステークホルダー（お客さん、従業員など）を遠ざけてしまいます。

6-2 働きやすく成長しやすい環境を整える
環境セットアップ

　どんなに立派なビジョンやポリシーを掲げても、未来のための成長を促しても、人は目先の仕事や成果に追われる生き物です。よって、先を見すえた行動や成長を促す、制度や環境のセットアップも重要です。

(1) 人事制度をアップデートする

「売上しか評価してくれない」
「目先の成果しか評価されない」
「成果主義で、業務改善の努力やプロセスはまったく評価されない」

　それでは、改善の組織風土も、育成や情報共有のモチベーションも、ましてや組織をよくするための内発的動機づけも生まれません。よって、旧態依然の人事制度のアップデートが必要になります。以下、健全に成長する組織風土の醸成に効果があった人事制度の例を列挙します

・新たなチャレンジをした人や組織を評価する
　⇒当年度内の成果は問わない。まずはチャレンジそのものを評価する

・「やめる」ことを評価する
　⇒形骸化した仕事、無駄な間接業務の削減を促進

・育成活動を評価する

- 社内外への情報発信やノウハウ共有を評価する
  ⇒個人や部門に、プラス評価として加点する

- 「らしさ」を体現した行動を評価する
  ⇒組織のビジョン、ミッション、「大切にすること」に沿った行動を促進

- 上記の取り組みを促進した管理職や部門を評価する
  ⇒中間管理職がブレーキをかけてチャレンジや改善、育成が滞る組織に有効

　ポイントは、減点評価ではなく加点評価をすること。すべてを減点評価にしてしまうと、「やったふり」「その場のアリバイ作り」のための形骸化した取り組みが横行し、何の価値も生まない（それどころが、現場に「やらされ感」を蔓延させ、エンゲージメントが下がる）ことがよくあります。「やらないこと」に対するペナルティもある程度は大事ですが、それよりもプラス評価にしたほうが、現場のモチベーションも高まります。
　本来業務で同じ成果を出している人が2人いるとしたら、未来の成長のための活動をしている人をより高く評価する。これは、その組織が「目先の成果だけを追っていない」「未来の組織の成長や、そのための地道な努力や貢献をきちんと評価する」というメンバーへの何よりのメッセージです。人事制度もまた、ビジョンニングの手段の1つなのです。

(2) オフィス環境を整備する

　暗いオフィスから明るい対話は生まれません。
　固定席しかなければ、他部署や他チームの人との偶然の出会いも会話もなかなか発生しません。
　個室やフリースペースがなければ、雑談もできなければ、上司に悩みごとの相談もしにくいでしょう。
　堅苦しい会議室で、柔軟な改善提案や新たな発想が生まれるとは考えにくいです。

パソコンの動作が遅くて、事務スタッフの生産性とモチベーションをいたずらに下げているかもしれません。
　社員食堂、派遣社員やパートナー会社の常駐スタッフは使わせてもらえない。それにより、プロパー社員とそれ以外の人との間に、心の壁やコミュニケーションの壁を生んでしまっているかもしれません。
　トイレの数が少なくていつも混雑。常に便意との戦い。それでは、肝心の仕事に集中できません。
　オフィス環境も、適度に整備しましょう。Great Place to Work（日本における「働きがいのある会社」）ランキング1位（従業員100〜999人部門）となった株式会社コンカーの社長、三村真宗氏は、著書『最高の働きがいの創り方』（技術評論社）の中で、オフィス環境整備に投資する効果を次のように語っています。

「新しいオフィスは、社員にとても好評です。「社員が尊重されている感じがする」という声ももらっています」

　オフィス整備にお金をかける——それは、そこで働く人たちのエンゲージメントの向上にもつながるといえます。

(3) DevOps

　近年、ITソフトウェア開発の世界で注目されている考え方の1つに「DevOps」（デブオプス）があります。開発（Development）と運用（Operations）を組み合わせた言葉であり、開発担当者と運用担当者が組織の壁を越えてコラボレーションし、より価値の高いITサービスを顧客に提供しつつ組織が継続的に成長するためのカルチャー（文化）をいいます。DevOpsをくわしく知りたい方は関連書籍（巻末を参照）を読んでほしいのですが、ここではDevOpsが提唱する4つの柱を紹介します。いずれも本書でも強調してきたエッセンスですが、組織風土をゆるやかに変えるためのエッセンスが盛り込まれているため、関心を持った方はぜひDevOpsも学習してみてください。

1. コラボレーション

組織と個人の成長のための、健全な協力や対立を促進する。非難文化を排除する。

2. アフィニティ

チーム間の関係を構築し、組織の共通目標を念頭に置いて個々のチーム目標の違いを乗り越え、共感を育て、ほかのチームの人たちからも学習する。

3. ツール

ツールはコラボレーションを加速する装置である。

4. スケーリング

組織の成長や拡大を見すえ、プロセスや軸を整備する。

(4) チャレンジする機会を設計する

新たなチャレンジなくしては、個人も組織も成長しません。リーダーは率先して、新たなチャレンジに取り組むための時間や予算を確保して、実行してください。それがメンバーの育成につながるのであれば、育成を目的としておこなうのもいいでしょう。

できれば、チーム内で話し合って「どんなチャレンジをしてみたいか」をリストアップしてみてください。言語化することで、いつどんなことにチャレンジするか、メンバー間でイメージしやすくなります。

その際、次のような「開始条件」を決めておくのもいいでしょう（そして、忘れないようにオフィスのみんなが見えるところに貼っておきましょうか）。

・このプロジェクトが終わったら、いままでやりたくてできなかった改善活

動に着手する
・今年の売上目標を達成したら、来年は1つ新たな商品を企画して販売してみる

　ただし、チャレンジしっぱなしでは、組織も個人も成長しません。必ずふりかえりをして、成功要因、失敗要因を組織のナレッジに変えていきましょう。

(5) 目立たない仕事にも光を当てる

　日々のオペレーション業務。ともすれば「やってあたりまえの仕事」と軽視されてしまいがちです。地道な改善の仕事。成果が出るまでに時間がかかり、なかなか取り組みが見えにくく目立たない。評価されない。それにより、やっている人のモチベーションが下がってしまう組織も少なくありません。

・社内表彰する
・トップが感謝や激励の言葉をかける
・社内報で特集する
・人事評価をする

　このように、目立たない取り組みや成果にこそ光を当て、評価し、担当者が誇りを持って業務を遂行できる環境をセットアップしてください。他人が評価することで仕事の価値が言語化され、その人たちの自己肯定感の低さが払拭されることはよくあります。やがて、自分の仕事の内容や価値を、自分の言葉で語れるようになります。そうすると、その仕事に対する他者の認知が高まり、リスペクトが生まれます。そして、その人たちの仕事に対する誇りが高まります。

目立たぬ仕事にこそ愛「を」！（『職場の問題かるた』より）

6-3 自組織の認知と プレゼンスを高め、 組織内外のファンを増やす
広報／ブランドマネジメント

　どんなにいい仕事をしていても、そのよさが言語化されなければ、なかなか仕事や組織への愛着は湧きにくいものです。また、その仕事の価値や醍醐味を説明できなければ、誇りは生まれにくいものです。他者から価値を認めてもらえないリスクも高くなります。

「あなた、何やっているの？」
「そんなかんたんな仕事、ちゃちゃっとできないの？」

　このようなことを悪気なく言われて、傷ついた経験がある人もいるのではないでしょうか。

　自分たちの仕事や自組織の認知を高める。
　その結果、プレゼンス（存在価値）を高めて、組織内外の理解者、共感者、ファンを増やす。

　少子高齢化による労働力（なり手）不足が懸念される時代であればこそ、このような組織の広報活動、ブランディング活動は組織のマネジメントとしていよいよ欠かせません。黙っていてもいい人が集まる時代は終わりました。同じ会社の中であっても、部署間、チーム間、職種間で人の奪い合いが始まっています。部署単位、チーム単位、職種単位の広報／ブランドマネジメント活動も検討しましょう。
　ブランドマネジメント活動には、組織内部すなわち内向けの活動と、外向けの活動の2つがあります。前者を「インターナルブランディング」、後者

を「エクスターナルブランディング」と呼びます。

インターナルブランディングとエクスターナルブランディング

(1) インターナルブランディング

　社員や派遣社員、協力会社のスタッフなど、運営組織の中のメンバーに対する、組織に関する理解促進およびエンゲージメント向上のための活動を「インターナルブランディング」といいます。社内報やイントラネットなど、中の人たちに向けた情報発信は、インターナルブランディングの取り組みととらえることができます。また、前述の「偶然の出会い」「必然の出会い」を創出する活動や、自己開示によるメンバー間の相互理解を促進する活動、「知る」を創出する取り組みも、すべてインターナルブランディングに寄与します。リーダーは、メンバーとの接点をとらえ、積極的にインターナルブランディングに取り組みましょう。

　インターナルブランディングをより強力にするための、2つのポイントを補足します。

1. 自分たち「らしさ」を話し合う

日々の業務や行動において、「自分たち『らしさ』がどこにあるのか？」「チームのビジョンやポリシーを体現できているか？」を考えるきっかけ、話し合うきっかけを作ってください。その過程で、メンバーは仕事の価値や醍醐味を言語化でき、さらにはその組織で働くことの意義を主体的に見出すことができるでしょう。

2. 自分たちの成長をふりかえる

自分たちはどのように成長したか？
どのようなナレッジが蓄積されたか？

必ずふりかえりをチーム単位でおこなってください（最低年1回）。ふりかえりによる言語化こそが、メンバーに成長実感と自己肯定感をもたらします。ふりかえりは、いわば成長を説明可能にするためのプロセスなのです。

自分たちが説明できない価値は、他人にも評価されにくいです。仕事の意義や、そこで働くことの醍醐味――それらをメンバー1人1人が自分ごととして説明できるよう、インターナルブランディングを重視し、価値の言語化を後押ししましょう。

(2) エクスターナルブランディング

お客さん、取引先、他部署、株主などの外に対する、組織や仕事の理解促進および認知向上活動を「エクスターナルブランディング」といいます。

1. リレーションシップマネジメント

だれに、どのような接点をとらえて（あるいは新たに創って）、何を知ってもらいたいか？

ステークホルダー、タッチポイント、認知してもらいたい情報を定義して、

情報発信を計画しましょう。ステークホルダー定義、タッチポイント設計については、第3章を参照してください。

2. 情報発信をし、社外のファンを増やす

　自分たちの仕事の価値や取り組み、仕事の醍醐味、ノウハウを、外に向けて発信する――それは、仕事や組織の認知を高めるのみならず、社外の理解者、すなわちファンを増やす効果があります。最近では、特定の製品や技術の認知向上とファン作りを目的とした「エバンジェリスト」（伝道士）を職種として設定し、啓蒙活動を推進する企業も出てきました。そこまで力をかけなくても、以下のような取り組みでの情報発信、ファン作りは十分可能です。

・Webサイトやブログなどで情報発信する
・イベントやフォーラム、カンファレンスで登壇し、ノウハウを伝える
・ある技術やテーマに特化したコミュニティを運営し、情報発信する
　（あるいはファン（参加者）に情報発信してもらう）

3. 会社を超えた、職種のブランディングも重要

　最近では、会社の壁を超えた業界他社、異業種のコミュニティや勉強会も盛んにおこなわれています。以下、筆者のフィールドでもあるIT職種と広報職種におけるコミュニティを紹介します。

インフラ勉強会
　おもにIT業界のインフラエンジニアが集う、日本最大級のオンライン勉強会＆コミュニティ。discordというボイスチャット＆テキストチャット上で、有志がITインフラに関する知識や学びを発表したり、技術やキャリアに関する情報交換や意見交換をおこなっている。
　おもに平日夜や休日に開催。オンラインで開催されているため、場所を選ばずに参加できるのが特徴。2018年10月現在、およそ3,000名の全国のインフラエンジニアがユーザーとして登録している。

#インフラ勉強会

https://wp.infra-workshop.tech/

広報LT大会 #PRLT

　おもに都内のベンチャーやスタートアップ企業の広報PR担当者が集うコミュニティ。職種や業界は限定されておらず、エンジニアや人事なども参加している。活動の主軸は1人5分程度のショートプレゼンテーションを複数人がおこない、広報PR業務に関する経験や知見を発表し、学びあうLT（Lightning Talk：ライトニングトーク）大会。2ヶ月に1回、平日の夜に、都内の企業で開催しており、総参加人数は1,000人を超える。2019年より活動範囲を全国に広げたほか、さまざまな団体とのコラボレーションワークショップも実施。SlackやFacebookグループでの情報交換も活発におこなわれている。

#PRLT

イベントページ：https://prlt.connpass.com/
活動レポート：https://note.mu/prlt

　このようなコミュニティに参加して情報発信／受信するのも、その仕事や職種の価値を再認識できる貴重な機会になります。同じ職種同士の人たちと議論することで、その職種の意義や醍醐味、楽しさを言語化でき、他人に自分の仕事を説明しやすくなります。また、勉強の仕方、情報の仕入れ方を知ることができたり、社内では出会えないロールモデルを見つけることもでき、その職種のプロとして成長するためのモチベーション向上にもつながります。これは、職種のブランディングととらえることができるでしょう。

　自分の職種の価値向上は、自分自身の価値向上につながります。いい職種には熱意やスキルのある優秀な人材が集まり、より価値の高い仕事やおもしろいチャレンジができるようになり、社会的な認知も価値も高まり、その結果、収入や待遇などの環境も向上するでしょう。環境がよくなれば、それだけいい人材が集まり、さらに価値の高い仕事ができ……と、好循環を生みます。逆に、自己肯定感が低い職種、認知の低い職種は、人離れが加速するでしょう。これからの時代、会社を超えた職種のブランディングも大変重要です。

発信する文化は、その組織と人の価値をまちがいなく高めます。

「価値は相手が決めるもの」

　自分たちにとっては「あたりまえ」「取るに足らない」と思っていた経験やノウハウも、相手にとっては光る宝石であることも。自分たちが気づかなかった新たな価値を、受信者が見つけてくれ、言語化してくれることもめずらしくありません。自分たちだけで価値を勝手に過小評価してしまっては、もったいない。中（インターナル）と外（エクスターナル）、双方にアンテナを立て、機会をとらえて積極的に情報発信し、あなたの組織の認知と価値を高めていきましょう。

「で、どうやったらなれる？」

業務デザイナーとしてのキャリア／スキル

この章で学習すること

1. 業務デザイナーに向く人の10の特性
2. 職種別「いまからできる」アプローチ

ここまで6章に渡り、「ライフサイクルを考慮したよりよい業務・
サービスをデザインするにはどうしたらいいか?」
「どのような観点をもって日々の業務を見直せばいいか?」
を解説しました。いわば、「業務デザイナー」のお仕事。
これからの世の中、まちがいなくあなた自身の
価値を高めるお仕事といっても過言ではないでしょう。
最終章となる本章では、「あなたが業務デザイナーとして
活躍するために、日々の仕事にどう取り組んだらいいか?」
「業務デザイナーになるために望ましい経験は?」といった、
「明日からの歩き方」を考えてみます。

7-1

業務デザイナーに向く人の 10の特性

　だれもが業務デザイナーとして活躍できるとは限りません。人には得意／不得意があれば、仕事の合う／合わないもあります。業務デザイナーに向いているのはどのような人でしょうか？　10項目にまとめてみました。

(1) ものごとを俯瞰的に見ることができる

　業務をデザインする＝業務を科学する取り組みです。既存の業務であれ、新たな業務を立ち上げる場合であれ、本来の目的や期待をとらえ、業務そのものを（あるいは環境を）タテ／ヨコ／ナナメに見てみる視点が求められます。

(2) 新しい知識や技術に触れるのが好き

　好奇心の強さも、業務デザイナーとして価値を発揮する人の大きなポイントの1つです。業務デザイン＝業務のアップデート（更新）といっても過言ではありません。そこには、新しい知識なり技術が欠かせません。

(3) 作業よりも発想するのが好き

　目先の作業に追われているだけでは、いつまでたっても業務を科学することはできません。

「作業よりも、新たな改善や取り組みを発想するのが好き」

その傾向が強い人は、業務デザインにチャレンジしてみてください。

(4) めんどくさがり屋

「同じ作業を二度やりたくない」
「次やるときはラクしたい」
「苦手なことはやりたくない」

ともすれば、ものぐさ＝残念な人のレッテルを貼られがちですが、業務デザイナーとしての素質は大です。その発想こそが、改善の大きな原動力になります。自信をもっていきましょう！

(5) 見えないものに意味を見出すのが好き

目に見える成果だけを評価する人＝気合と根性に傾倒しがちなきらいがあります。その結果、目先の仕事をナントカすることしかできない組織風土や属人化を助長しがち。一方で、目に見えない「仕掛け」「プロセス」を大事にする人は、業務や組織そのものの改善に向いているといえるでしょう。

(6) 仕事をラクにするために苦労するのを厭わない

明日以降毎日ラクするために、技術や仕掛けでなんとかできないか、今日汗をかくのが好きな人。
そのための情報収集や試行錯誤に楽しみを見出せる人。
エンジニアに目立つ特性ですが、そういった人はまちがいなく業務デザイナーに向いています。

(7) 情報発信するのが好き

　改善も改革も、自分1人では（あるいは組織単独では）なかなかうまくいきません。ともすれば「一部の人がやっている、よくわからない取り組み」になりがち。そして、頓挫しがち。

　情報発信は、改善や改革を継続させる要。開始、道のり、学び、変化、成果……それぞれ情報発信することにより、共感者の協力が得られ、新たなヒントをもらえ、改善や改革にドライブがかかります。また、メンバーの一体感も醸成されます。

(8) 他人の成長に喜びを感じることができる

「いつものやり方を変えてみたら、お客さんがスムーズに行動してくれた」
「無駄な事務作業をなくしたら、メンバーが仕事の価値とは何かを考えるようになった」

　このように、他人の変化や成長を喜べる人は、よき業務デザイナーとして活躍できる余地が大きいです。

(9) トライ＆エラーを好む

　改善も改革も、トライ＆エラーの積み重ねによりブラッシュアップされます。

「とにかくやってみる」
「失敗してもいい」

　この気概こそが、業務デザイナーの命です。

(10) 失敗も資産だと思える

「失敗したらおしまい」

それでは、改善も改革も二度と起こりません。業務をデザインする志向の強い組織は、失敗を資産ととらえ、次によりよい改善や改革をするための糧にします。

反対に、以下のような人は業務デザイナーに向いていません。

1. 同じ作業を繰り返していたい
2. 変化を好まない
3. 完ぺき主義
4. 「目に見える成果こそが大事！」と思う
5. ラクすることに嫌悪感を感じる
6. 何でも自分でやってしまいたい
7. 情報発信がキライ
8. 他人に興味がない
9. 諦めることができない
10. 失敗は恥だと感じる

これらは、あくまで適性の話であり、人の良し悪しを指摘しているわけではありません。業務デザイナーに向いていない＝決して、その人の存在価値や市場価値が低いわけではなく、自身の得意領域で価値を発揮している人はたくさんいます。ただ、自分たちの仕事を科学して、改善して、価値を上げることができる業務デザイナーの市場価値はまちがいなく高いでしょう。

上記の「業務デザイナーに向く人の10の特性」を眺めてみて、1つでもあなたに当てはまるものがあれば、ぜひとも業務デザイナーの視点をもって日々の業務をより意識的にデザイン・リデザインしていってください。また、一見「業務デザイナーに向いていない人」であっても、ちょっとしたきっか

けにより業務をデザインする楽しさに気づき、そこから「業務デザイナーに向く人」に変わっていったケースも知っています。

「たまたま、いままで繰り返しの作業しかしていなかったために、自分の適性に気づかなかった。業務デザインが興味の対象にすらならなかった」

　それは、本人にとっても組織にとっても非常にもったいない。まず１つ、目先の業務からでかまいません。時間をとって、改善を検討してみてください、一歩踏み出してみてください。そこから変わる景色があります。

職種別
「いまからできる」アプローチ

　おしまいに、世の中に存在するさまざまな職種や部署をピックアップして、「業務デザイナーとして活躍するにはどうすればいいか？」あるいは「業務デザイナーの視点をもって自分の仕事や職種の価値をどう上げていくか？」について、私なりのメッセージをお送りします。

(1) 事務職(担当者)のあなたへ

　組織の日々の"あたりまえ"を守るあなたは、素晴らしい価値を出しています。一方で、スピード重視、コラボレーション（競合他社や取引先などとの協業）重視の時代、古いやり方を踏襲していては、あなたの業務自体、ひいてはあなたの人材としての価値が下がってしまうかもしれません。

「このくらいできてあたりまえ」

　その前提で、相手（お客さん、お取引先、社内の申請者など）に接していると、あなたと事務職業務双方の価値を下げます（あなたにとっては毎日やっているあたりまえの作業でも、相手にとっては一生に一度やるか／やらないかの"一見さん"作業だったりします）。

・その作業、どう工夫したら相手も自分もラクになるか？
・どうしたら、相手にラクに説明できるか？
・その作業、そこまで時間をかけなくてもいいのではないか？

・その作業、なくしたら代わりに（その時間やあなたの組織の能力を使って）どんな価値を提供できるか？

そんな妄想からでもかまいません。改善のはじめの一歩を踏み出してみてください。

(2) 事務職(管理者)のあなたへ

　事務職は組織の屋台骨を支える存在として重要ではあるものの、生産性重視の時代、価値を出せる組織と淘汰される組織との差が今後ますます広がるでしょう。業務デザイナーの発想をもち、その企業組織の本来価値の提供に貢献できる管理部門の価値は高まります。

・いままでの仕事をシンプルにする
・やめることを決める
・エンジニアの発想を入れる
・社員を育成できる
・社内のファンを作れる

　このような取り組みが、事務職種を事業貢献度の高い組織へと進化させます。とかく管理部門は、（大きな組織になればなるほど）間接業務を増やしがちです（申請業務、チェック業務、報告業務、資料作成業務など）。間接業務が肥大化すると、事業部門はやがて「抜け道」を探すようになり、企業としてのガバナンスやコンプライアンスのリスクを増やします。それが、事業部門などいわゆるフロント組織の生産性やモチベーションを下げ、管理部門との溝を広げます。事業部門と管理部門の不仲は、メンバーのモチベーションもエンゲージメントも下げます。管理職自らが業務デザイナーの発想をもち、仕事を科学して、組織と人の健全な成長をプロデュースしていってください。

(3) 経営企画部門のあなたへ

　経営の意（時に思いつき）を汲んで、いままでにない新たな業務やサービスを生み出す立場。しかしながら、立ち上げた後の運営までは責任をもたない（もてない）ことがほとんどです。

・会社の目指す方向は、社会の期待とズレていないか？（時に経営層に優しくダメ出しする勇気も必要）
・その業務やサービスを実際に自社で運用できるか？
・そもそも自社でやるべきか？　そのノウハウやリソースを自社の経営資源としてもつべきか？

　ライフサイクルをイメージして、「仕組みとして無理なく回し続けられるか？」「終わらせることができるか？」の視点をもった、よりよい企画をお願いします。

(4) 総務部門のあなたへ

　従業員がモチベーション高く、効率よく働ける社内環境や動線を作れるのが総務部門の価値です。

・悪気なく従業員の生産性やモチベーションを下げている環境になっていないか？
・迅速なコラボレーション／コミュニケーション／安全行動を、社内の環境や動線の変化によって誘導できる可能性はないか？

　常に自問自答して、実践してください。
　最近では「戦略総務」なる言葉も使われ始めました。強い組織を作るための環境面のデザイン。その要を担うのが総務部門です。最新の情報に敏感になり、よりよい職場環境を整備していってください。

(5) 人事部門のあなたへ

　ともすれば目立ちにくい、運用業務や改善業務。そこで"あたりまえ"を守る人たちや取り組みを評価する仕組みを作ってください。

・改善やチャレンジをした人（または組織）を評価する人事制度を整備する
・逆に、改善やチャレンジを阻害する管理職を低く評価する
・「成果」のみならず、「プロセス」や「変化」も評価する

　改善も改革も、成果が出るまでに時間がかかります。その間の見えない取り組みこそ評価されなければ、なかなか長続きしません。

　見えない努力を評価するカルチャー。
　情報発信やナレッジ共有がされる文化。
　改善する風土。

　これらは、人事評価制度や採用、育成による面も大変大きいです。また、「業務デザイナー」のような職種、職務の定義も、積極的にお願いしたいです。

(6) 営業部門のあなたへ

　お客さん、経営層、開発担当者、運用担当者……など社内外のステークホルダーと接して折衝し、利害関係を調整できるのが、営業のあなたの強みです。

・お客さんのみならずさまざまなステークホルダーとの接点を設け、それぞれの要望、問題、課題を言語化できるようにする
・いままで価値にできていなかったものに意義や価値を見出し、利益に変える

これができる営業は、社内外からまちがいなく信頼されます。
　残念ながら、目先の売上優先、お客さんの意向優先で、後々だれも得しない仕事を受けてしまう／生み出してしまう営業担当者もいます。自社を安売りせず、時にお客さんのためを思って、断るものは断る——それが、長い目で見たらお客さんのためでもあります。
　営業こそ、業務デザインの発想を大切に。提供する業務やサービスをライフサイクルの視点でとらえ、みんなが幸せになるよい提案および改善をしていってください。

(7) 経理／財務部門のあなたへ

　ガバナンス強化、コンプライアンス強化の名の下、ともすれば煩雑な管理業務を増やしがちな部門。一方で、法制度の変化や技術動向に敏感になり、率先して緩めるところは緩めたり、自動化できるところは自動化したりと、事業部門や取引先が本来業務に集中できるためのスピードアップに貢献し、社内外のプレゼンスを高めることができます。

・煩雑な申請業務や管理業務をとにかくなくす
・電子でやれるものは電子で
・ITを率先して活用する

「当社では、請求書の原本の郵送が必須です」
「稟議書は物理押印をしなければなりません」

　その常識、じつは古いかもしれません。あなたが勤務する企業の中だけの陳腐化したルールかもしれません。常に最新の動向をキャッチアップし、価値の高い組織にメタモルフォーゼしていってください。

(8) 購買部門のあなたへ

　自社のビジョンやポリシーに共感し、ともに成長する社外のパートナーを発掘して、自社とつなげる。社外の自社ファンを増やす。これからの購買部門の価値はそこにあります。

・自社のブランド戦略、ビジョン、ポリシーを理解する
・それらを自分の言葉で社外のパートナーに語れる
・社外のパートナーとの迅速なコラボレーションを邪魔する慣習やプロセスを指摘し、改善できる
・社外のパートナーの時間と体力を無駄に奪わない（その時間と体力は、結果として自社のコストに跳ね返る）

　これができる購買部門、購買担当者の価値は、ビジネスパーソンとしても人間としても高いです。
　まずは、自社のブランド戦略や、ビジョン、ポリシーを理解し、自分の言葉で説明できるようになってください。コスト削減要求で社外の人たちのモチベーションを下げるのではなく、

「どうしたらモチベーションをもって自社のほうを向いてくれるか？」

　を考えて実践してください。そして、

「社外のパートナーとスピーディにコラボレーションできるようにするにはどうしたらいいか？」
「その阻害要因をいかに排除するか？」

　を、まさに業務デザイナーの視点をもって、実現していってください。

(9) 広報部門のあなたへ

　社内外に自社のブランド戦略、ビジョン、ポリシー、大切にすることを発信できる（あるいは社員が発信するための手段を提供できる）のが広報部門。また、社内報などの媒体を通じ、社内のいい取り組みや、光のあたらない部署に光を当てるのも、広報部門ならではの価値といえるでしょう。

- コミュニケーションのプロとしてさまざまな手段を駆使し、**業務や組織（あるいは職種）の認知や価値を高める**
- インターナルコミュニケーション／インターナルブランディングの発想で、組織内部の人たちのモチベーションや仕事に対する誇りを高める

　これらは、近年注目されてきたマネジメントキーワードの1つでもある「エンゲージメント」（組織や職種への愛着、誇り）の向上にも大きく寄与します。
　改善の風土を組織に定着させ、「業務デザイナー」の仕事を社内外に認知向上させる鍵を握っているのも、広報部門です。

(10) 開発系ITエンジニアのあなたへ

　エンジニア（の多く）は、目先の仕事をラクにするための努力を惜しまない人です。加えて、ものごとを技術で解決できるセンスとスキルをもっています。この特性は、業務デザイナーとしての大きな強みです。また、情報発信をよしとする文化もエンジニアの大きな強みです。

- 常に新しい技術やマネジメントに触れる
- 開発エンジニア以外の人とも交流する
- なんでも技術で解決しようとしない。アナログな部分や、人がやる部分も許容し、組み合わせで解決する
- 一度に立派なものを作らず、小さく困ってることから解決する

- 難しい言葉で説明しすぎない。相手に応じて説明の仕方を変える
- 「作った後」の世界を見てみる。「運用する人」「使う人」に寄り添い、いっしょに仕事をする
- 頭だけで考えず、現場で使っている人の様子を見る

　相手の期待は、システムを作ることではありません。課題を解決することです。小さなことから解決する。それにより、あなた自身もどんどんバージョンアップして、より大きな改善をしたくなるでしょう。
　難しい技術を、難しい言葉で説明できる――それは、エンジニアとしてあたりまえです。

　難しい技術を、相手にあわせてわかりやすく説明できる。
　あるいは、デザインや工夫でもって相手に価値を理解してもらえる。
　時に、運用担当者や業務担当者など立場の違う人を巻き込んで、いっしょに仕事ができる。

　これができるエンジニアは、付加価値の高いエンジニアといえるでしょう。
　また、1回でかまわないので、自分が開発したシステムの運用も担当してみる。その経験が、あなたの視野を広げ、知見も深めてくれます。そして、たまには現場で使っている人の様子を見てみましょう。そこから、「よりよいものを作りたい！　改善したい！」気もちが大きく膨らむはずです。

(11) 運用系ITエンジニアのあなたへ

　日々の業務やシステムを回しているあなたの現場は、よりよい業務をデザインするためのヒントやネタの宝庫。実際にその業務やシステムを使う人、すなわち利用者との接点も多く、開発担当者よりも価値を発揮するチャンスに恵まれているともいえます。
　一方で、ただ決められた仕事をこなしているだけでは（それ自体、大変価値のある営みですが）、ステークホルダーはあなたたちの価値をなかなか認

めてくれません。そもそも、あなたたちが何をやっている人たちなのか、悪気なく見えていないことも。

・自分の仕事を説明できる
・日々の"あたりまえ"の取り組みの価値を説明できる
・運用業務を通じて得たデータ、利用者の動向情報、トラブルの発生傾向などを、改善のためのノウハウとして蓄積・発信できる
・改善の提案ができる、改善ができる
・仕事のやり方を属人化させず、仕組み化できる。育成できる
・「待ちの姿勢」「受け身の姿勢」を改める

　このような取り組みこそが、運用職種とあなた（そしてメンバー）の認知と価値を高めていきます。
　また、新しい業務やシステムを立ち上げる際、ぜひ要件定義や開発工程に入り込んでいってください。現行業務、現行システムの運用を通じて見えてきた課題を開発現場にフィードバックし、「次は運用しやすい、いい業務・システムを作る」「利用者に愛される仕組みを作る」チャンスにしましょう。
　残念ながら、受け身すぎる運用現場もたくさん見てきています。

「運用の出番は、開発が終わってから。余計な口出しはしない」
「運用できなかったら、開発のせいにすればいい」

　そのような縦割り意識が、運用担当者自身の認知や価値を低め、かつ開発／運用の壁をますます高めます。しかし、残念な業務やシステムが生まれて最終的に泣くのは、利用者であり、運用者です。過去のしがらみは忘れて、運用からこそ開発に寄り添ってください。開発現場における運用者不在——それこそが、運用する人たち、利用する人たちのことを考えない悲しい仕組みを悪気なく生んでしまうのです。

(12) (Web)デザイナーのあなたへ

　世の中の課題や人々の動線をデザインで解決する――その手段を知っている／提供できる職種が、デザイナーです。私も、店舗のレイアウトや色彩、情報システムのインターフェースなど、さまざまな場面でデザインの工夫による改善事例を目にしており、デザイナーの社会的価値の大きさを実感しています。

・自分のこだわりに対する、相手の反応を受け止める
・いろいろな職種、立場の人と交流する
・デザインが解決できる課題や、デザインが提供できる価値を説明できるようにする
・相手に「その先の世界観」を体感させる

　そのような取り組みにより、デザインの社会的評価はより高まるでしょう。
　残念ながら、「わかってくれない人が悪い」と言って相手に寄り添うことを放棄してしまうデザイナーさんもいます。それでは、せっかくのデザインの価値を貶めてしまいます。

「自分が説明できなければ、デザインの価値をわかってくれる共感者と組んで行動する」

　そのような工夫も、デザインの価値向上につながる行動になりえます。

(13) 窓口スタッフ／ヘルプデスクのあなたへ

　日々、業務やサービスを提供する現場に立ち、利用者と接しているあなた。クレームなど、つらい部分も含めて、最も利用者のリアルが見える世界です。それはイコール、あなたが提供する業務・サービスの価値を上げるためのネ

タやヒントに満ちていると考えてください。それを、ただ受け流している人と、改善提案につなげられる人とでは、評価が大きく異なります。

「こうしたら、もっとスムーズにお客さんを誘導できる」
「仕組みをこう工夫したら、利用者をお待たせせずに、スムーズに回答できる」
「このサービス、ややこしいだけで、お客さんも提供する私たちもだれも得しない」

　このように、「こうしたらよくなる」「自分だったらこうする」という発想で、日々の仕事に臨んでみてください。そして、気がついたら管理者、監督者に発信する。どんなに有益な気づきも、黙っていたら価値にはなりえません。
　私はパートタイマーの店舗スタッフやオペレーターから社員になり、後にその会社あるいは他社の商品企画マネージャーやサービスマネージャーになった人を何人も知っています。その人たちはみんな常に「どうしたらよりよくなるか？」を自分なりに考え、発信し、実現しています。

(14) 社会保険労務士のあなたへ

　人事・労務制度の整備やそのための助言など、企業の人に関わる業務のコンサルティングやサポートをおこなうのが社労士の役割であり、価値です。

・これまでの事務代行業務だけに安住しつづけていませんか？
・あなた（たち）の事務所は、どこでクライアントへの価値を出していきたいのですか？
・あなた（たち）の強みや本当にやりたいことは何ですか？
・クライアントとともに、時代遅れの組織になってしまっていませんか？

　そういった議論を始めていってください。
　いままでは、制度設計や給与計算などの事務代行で食べていけた社労士業

務も、それだけでは生き残りが厳しく、最近は高付加価値による差別化を目指すようになってきました。

　働き方に関する法案が、いままさに変わろうとしています。今後も、マイナーバージョンアップを重ねるでしょう。プロとしての知見や助言がより重要になる一方、ただ単に法令を伝えてクライアントに守らせるだけでは価値があるとはいえません。

・法を守ること、成果を出すことの両面の助言ができるようにする
・業務改善を提案できる

　これらができる社会保険労務士は魅力的。ぜひとも、「業務デザイナー」として、クライアント企業および自社の業務改善と価値向上に貢献できる人材になってください。

(15) 中小企業診断士のあなたへ

　企業の経営課題の解決を専門家の視点でサポートするのが中小企業診断士の役割。

・「やめられること」「ITや技術でラクできること」「環境の工夫で改善できること」などを、外部の視点でどんどん指摘する
・自社やクライアントが本来価値の創出や、そのための研究（業務改善もその1つ）に取り組めるようになるための引き出しをたくさんもつ

　いわば、従業員が働きやすい環境づくりと、それを実現するための業務改善そして高収益体質に変えるためのビジネスモデル変革のサポート。それらを実現するためには、業務デザイナーの発想とスキルが欠かせません。

(16) 税理士／監査法人のあなたへ

　お金の流れの面で企業組織の健全な運営を支える／助言する税理士／監査法人の社会的責任は大きいです。一方で、正論や古い価値観に固執して、クライアント先を悪気なく苦しめていたり、そこで働く人のモチベーションや、その先の多くの取引先の生産性を下げているケースも見られます。

・常に「生産性」の発想をお忘れなく！
・間接業務や管理業務を悪気なく増やす＝その組織の人たちのモチベーションや成長機会を奪っていること（ひいては日本全体の生産性を下げかねないこと）をお忘れなく！
・税理士／監査法人も、チャットやテレビ会議などITを使ったスマートな対応を！

「相手の仕事を正しくラクにする」「そこで働く人たちが本業にコミットできるようにする」といった、相手視点にも立った支援や助言ができる税理士／監査法人の価値はますます高まるでしょう。そのためには、最新の法制度はもちろん、ITなどのテクノロジーで解決する方法や改善手法などにも常に敏感になっておく必要があります。

「いまどき、ここまで細かく稟議する必要はないです」
「これ、いまなら電子でもOKなんですよ。とっとと紙ベースの運用をやめましょう」

　このくらいの改善アドバイスを（も）クライアント先にしていただけたら、日本の生産性も上がるのではないでしょうか。クライアント先とともに成長するマインドで、自分自身をアップデートしていってください。
　また、税理士や監査法人の先生自身の働き方が過酷で疲弊している印象も否めません。ビジネスチャットやテレビ会議など最新のITを駆使し、クライアントと税理士／監査法人の双方が正しく楽をしましょう。

おわりに
「業務デザイナー」は利用者も運用者も幸せにする

「残念な業務を少しでも減らしたい」

　そんな気持ちで、今回私は筆を執りました。
　世の中を見回してみると、内容はとてもいいのに、利用するための手続きが煩雑で利用者の手間や時間を奪っていたり、あるいは存在すら知られていない業務サービスや情報システムがあちこちに存在しています。ちょうど、この文章を書いているタイミングで、次のようなタイトルの Web 記事が私の目に飛び込んできました。

「家族が亡くなった後の「手続き地獄」早わかりカレンダー」

　文字どおり、家族が亡くなってから発生する手続きを解説した記事。役所関係、年金事務所や保険関係、税務署、公共料金関係、金融機関、など事務手続きのオンパレード！　私は1～2秒眺めただけで目眩がしました。まさに地獄さながらの様相。中には、同じ市役所の中で、4つも5つも別の窓口を駆け回って紙の書類のやりとりをしないと完了しない手続きもあるとのこと。これ、いったいだれトクなんでしょう？

「せめて、役所の手続きだけでもワンストップに（＝単一窓口での1回の手続きで完結できるように）ならないものか」

　体験者のこのような声が印象的でした。人間の死の重みを実感しつつ、さりとて今を生きる人たちの貴重な時間と気力を事務作業が奪い続ける慣習は

いかがなものか——そう思わざるをえません。

　行政サービスだけではありません。企業内の手続きや、私たちが日常生活で利用する個人向けのサービスにおいても、同様の「残念な」業務は山ほどあります。利用者にとっても運用者にとってもストレス。控えめに言って、とてももったいないです。

　一方、業務をデザインすることで、利用者も運用者もハッピーになった事例も出始めています。本文中、その観点と具体例を紹介しましたが、いずれも業務そのものの設計や、利用者や運用者の動線の設計、環境や風土の改善や工夫によるものです。「業務をデザインする発想」これは、少子高齢化による労働力不足や、「働き方改革」「生産性向上」が求められるこれからの時代においてのソリューションとなるでしょう。

　海外では、デザインの発想を取り入れて、業務やサービスの価値を向上する取り組みも始まっています。英国政府は、Webサイトをはじめとする政府のデジタルサービスの制作にデザインガイドラインを制定、"10 Design Principles（デザインの10原則）"として公開しています。この10の原則は、業務をデザインする発想そのものであるため、ここに概要を紹介します。

https://www.gov.uk/guidance/government-design-principles

1. Start with needs, not government needs

　ユーザーニーズから始めよ。調査し、データを分析し、ユーザーと対話せよ。

2. Do less

　余計なことをしない。政府がすべき最低限のことに集中せよ。すでに他者が提供しているプラットフォームやサービスがあるならば、積極的に利用すべし。

3. Design with Data

　データをもってデザインせよ。ユーザーテストやプロトタイピングをし、検証したうえで、その結果を業務設計に生かすべし。

4. Do the hard work to make it simple

　シンプルにするための努力を惜しむべからず。

5. Iterate, then iterate again

　検証とフィードバックのサイクルを、とにかく繰り返すべし（ソフトウェア開発におけるアジャイルの考え方）。

6. This is for everyone

　その業務やサービスに慣れていない人にとっても、わかりやすく使いやすい作りを考慮せよ。「常連さん」のみならず、「一見さん」が使いやすいデザインを。

7. Understand context

　コンテクストを理解せよ。我々は画面のためにデザインをしているのではない、人のためにデザインをしているのだ。どんなリテラシーレベルのユーザーが、どんな場所で、どんな状況や思いでそのサービスを利用しているのか？　真剣に考え抜くべし。

8. Build digital services, not websites

　我々はWebサイトを作っているのではない。デジタルサービスを作るのだ。Web外の要素（アナログな世界）にも目を向け、価値あるサービスとは何かを考えるべし。

9. Be consistent, not uniform

　一貫性を意識せよ。言語やデザインパターンは可能な限り一貫性を持たせたほうが、ユーザーフレンドリーである。

10. Make things open: it makes things better

　オープンにせよ。コードを、デザインを、アイディアを、思いを、失敗をも。同僚に、ユーザーに、そして世界に。それがものごとをよりよくし、価値を高める。

　英国政府ではこの原則に基づき、デザイナーやエンジニアの参画のもと、行政サービスの Web サイトを再構築。利用しやすいサービスに生まれ変わり、価値が大きく向上しました。それにより、デザイナーやエンジニアの価値も高まったといいます。なんとも清清しいムーブメントではありませんか！

　このようなムーブメントを、日本でも興していきたい。そのために、業務をデザインする発想、ひいては業務デザイナーとして活躍できる人を 1 人でも増やしていきたい――そんな思いで、私は日々走り回っています。

　本書の執筆にあたり、今回も多くの専門家にご協力をいただきました。株式会社ソニックガーデンの代表取締役社長・倉貫義人（くらぬきよしひと）さんには、第 7 章のレビューにお力添えをいただきました。同社は「業務ハッカー」なる職種を設定、業務改善とシステム化をともに推進できる新たな専門職として位置づけています。私の提唱する「業務デザイナー」と重なるところが多く、倉貫さんにぜひにとコメントをお願いした次第です。おかげさまで、より熱いメッセージをお届けできたと思います。

　企画段階では、株式会社リビカルの代表取締役・元山文菜（もとやまあやな）さんにフィードバックをいただきました。企業の業務改善や IT 化支援が専門の元山さんは、美容師、プロダクトマネージャー、BPO（ビジネスプロセスアウトソーシング）マネージャーなど多彩なバックグラウンドを背景に活躍されており、まさに業務デザイナーを体現されている 1 人です。

　また、第 6 章で紹介したエンジニアコミュニティ「インフラ勉強会」のみ

なさん、広報コミュニティ「PRLT」の運営スタッフのみなさんのご協力にも感謝しております。この場を借りてお礼を申し上げます。

　事務職、デザイナー、エンジニア、クリエーター……さまざまなバックグラウンドを持つ人が、それぞれの専門性を発揮し、新たな価値を創出できる職種。その結果、利用者も運用者も幸せにできる職種──それが業務デザイナーだと私は確信しています。みんなが正しく活躍できて、正しく価値を発揮できる社会を創っていこうではありませんか。

　目指せ、業務デザイナー！　～明日の優しい社会のために

2019年2月
都田川ダムの天端にて。青空を仰ぎながら
沢渡あまね

おすすめ書籍

PART 1

業務フロー、業務プロセスの書き方の参考に

プロセスマネジメント入門
—業務改革・経営革新の必須知識
高梨智弘、万年勲 著／生産性出版 刊（2003年）

業務フロー、業務プロセスの書き方の参考に

はじめよう！ プロセス設計 〜要件定義のその前に
羽生章洋 著／技術評論社 刊（2016年）

非機能要件、パフォーマンスの参考に

非機能要求仕様定義ガイドライン
（UVCプロジェクトII）
社団法人日本情報システム・ユーザー協会（JUAS）著・編（2008年）

要件の抜け漏れ予防、業務でやること／
システムでやることの役割分担の参考に

システムの問題地図
〜「で、どこから変える？」使えないITに振り回される悲しき景色
沢渡あまね 著／技術評論社 刊（2018年）

Webサイトのパフォーマンス設計に

パフォーマンス向上のためのデザイン設計
Lara Callender Hogan 著／西脇靖紘 監修／星野靖子 訳／
オライリージャパン 刊（2016年）

PART 2

システム監視項目の定義と測定実施の参考に

入門 監視
—モダンなモニタリングのためのデザインパターン

Mike Julian 著／松浦隼人／訳／オライリージャパン 刊(2019)

テストとはなにかを理解するのに最適

テスターちゃん

まつ(@mty_mno) 著
https://testerchan.booth.pm/

PART 3

行動設計、行動デザインの参考に

人を動かすマーケティングの新戦略
「行動デザイン」の教科書

博報堂行動デザイン研究所、國田圭作 著／すばる舎 刊(2016年)

カスタマージャーニーマップをわかりやすく解説

はじめてのカスタマージャーニーマップワークショップ
—「顧客視点」で考えるビジネスの課題と可能性

加藤希尊 著／翔泳社 刊(2018年)

ユーザエクスペリエンス設計、デザイン思考の入門書

エンジニアのためのデザイン思考入門

東京工業大学エンジニアリングデザインプロジェクト、齊藤滋規、坂本啓、竹田陽子、角征典 著／大内孝子 編／翔泳社 刊(2017年)

PART 4

オペレーションデザインを小説と解説でやさしく解説
新人ガール ITIL使って業務プロセス改善します！
沢渡あまね 著／シーアンドアール研究所 刊（2015年）

業務のボトルネックを発見して改善に導くストーリー
ザ・ゴール
―企業の究極の目的とは何か
エリヤフ・ゴールドラット 著／三本木亮 訳／ダイヤモンド社 刊（2001年）

PART 5

管理業務を再設計して、組織の本来価値を見直す
管理ゼロで成果はあがる
～「見直す・なくす・やめる」で組織を変えよう
倉貫義人 著／技術評論社 刊（2019年）

PART 6

DevOpsを正しく理解するための決定版
Effective DevOps
―4本柱による持続可能な組織文化の育て方
Jennifer Davis、Ryn Daniels 著／吉羽龍太郎 監訳／長尾高弘 訳／
オライリージャパン 刊（2018年）

システム運用の「いま」と「これから」をマンガと文章で解説
運用☆ちゃんと学ぶ システム運用の基本
沢渡あまね、湊川あい 著／シーアンドアール研究所 刊(2019年)

**チームとメンバーが正しく成長し続けるための
環境とカルチャーの作り方**
最高の働きがいの創り方
三村真宗 著／技術評論社 刊(2018年)

索 引

数字
10 Design Principles ……… 318
3つの「る」 ……… 261
4P ……… 76
7つのR ……… 166
9つのステークホルダー ……… 185

B
BCP（Business Continuity Plan） ……… 110
BCP訓練 ……… 112
BI（Business Intelligence） ……… 218

C
Cacoo ……… 38

D
DevOps ……… 287
draw.io ……… 38

E
ES（Employee Satisfaction） ……… 274
Excel ……… 217

I
If条件 ……… 177
ITエンジニア ……… 310, 311
ITを使った工夫 ……… 69

K
KPT ……… 244, 269

L
LMIS ……… 218

M
Make or Buy ……… 86
MECE（Mutually Exclusive and Collectively Exhaustive） ……… 28
MTBF（Mean Time Between Failure） ……… 51
MTTR（Mean Time To Repair） ……… 51

P
PRLT ……… 295

R
Redmine ……… 218
RPA ……… 45, 266
RTL言語 ……… 134

S
SECIモデル ……… 246
ServiceNow ……… 218
Slack ……… 241, 243

V
Visio ……… 38

W
Webデザイナー ……… 313
When条件 ……… 177

あ
アーリーアダプター ……… 188
アウトソース ……… 47, 86
アクセシビリティ ……… 99
アクセス管理 ……… 100
アクセス権限 ……… 103
アクセスログ ……… 96
アフィニティ ……… 288
アンチパターン ……… 237
アンバサダー ……… 204
暗黙知 ……… 245

い

- 育成計画 253
- 移行計画 172
- 移行性 53
- 異常系テスト 171
- イベント・トリガー 41
- イベントログ 97
- 言われたらすぐやる 40
- 印刷ログ 96
- インシデント 92, 135, 214, 224, 231
- インシデント管理 214, 230
- インシデント管理ツール 216
- インシデント管理のモデルフロー 215
- インシデント管理簿 91
- インシデント管理をおこなうメリット 218
- インシデントステータス 217
- インターナルコミュニケーション 194, 310
- インターナルブランディング 292, 310
- インターフェース 71, 267
- インフラ勉強会 294
- インフルエンサー 188

う

- ウォームスタンバイ 111
- 運用系ITエンジニア 311
- 運用項目一覧 89, 112
- 運用しやすい行動を利用者に促す工夫 78
- 運用スケジュール表 90, 104, 112
- 運用性 53
- 運用組織設計 80
- 運用体制図 80
- 運用テスト 55, 170
- 運用報告書 92

え

- 営業部門 307
- エクスターナルコミュニケーション 194, 310
- エクスターナルブランディング 293
- エクスペリエンス設計 63
- エスカレーションルール 83
- 閲覧 125
- エバンジェリスト 188, 204, 294
- エラーログ 96
- エンゲージメント（Engagement） 63, 204, 263, 273, 283, 286, 292, 305, 310

お

- オフィス環境 286
- オペレーションコスト 283
- オペレーションマネジメント 213
- オペレーションミス 90

か

- 快感設計 61
- 開始条件 261, 289
- 「改善したふり」 262
- 外注 86
- 開発系ITエンジニア 310
- 外部イベント 229
- 外部環境の変化 135
- 外部サービスレベル 106
- 回覧 127
- 拡散 203
- 拡張性 53
- 拡張設計 156
- カスタマージャーニーマップ 206
- 課題解決策の立案 28
- 価値 54
- 価値向上 94
- カネ 86
- ガバナンス 305, 308, 316
- 紙をなくす 259
- 可用性 50, 52
- 環境セットアップ 272, 285
- 監査 92
- 観察眼 31
- 監査法人 316
- 監視設計 146
- 監視／測定項目 148
- 監視／測定の5つの行動 147
- 監視／測定方法 151

間接業務 257
管理台帳 91

き

記憶 129
記憶のハードル 70
機器 117
規制対応 94
期待値コントロール 207
既知 222
キックオフ 269
機能要件 49
機密情報 101
キャパシティマネジメント 164
キャリア 298
休暇取得状況 92
休暇予定 229
業務改善 255
協創者 204
業務 115
業務一覧 89
業務イベント 228
業務改善活動を定着させる 262
業務管理 94
業務棚卸し 231
業務デザイナー 299
業務標準書／定義書 89
業務フロー 37, 90, 98, 103
業務量 92
切り戻し 169
緊急対応ルール 154

く

偶然の出会い 280, 292
区画 102
繰り返し発生する仕事 258
グループチャット 247, 281
クレーム 213, 220, 238
グローバル対応のハードルを下げる 69
訓練 175

け

経営企画部門 306
経営ポリシー 47
経験設計 63
形式知 246
経理部門 308
権限 100, 118, 280
権限移譲 283
権限の棚卸し 104

こ

効果検証 94
構成管理 162
行動アクセルと行動ブレーキ 77
行動設計 57
行動特性 200
行動を阻害する要因 64
購買部門 309
広報 291
広報LT大会 295
広報部門 310
コールドスタンバイ 111
コストのハードル 64
固定資産管理台帳 91
コミュニケーション活動計画 193
コミュニケーションコーナー 247, 281
コミュニケーションコスト 197, 204, 283
コミュニケーション設計 183, 248
コミュニケーションプラットフォーム 197
コラボレーション 208, 288, 306, 309
コラボレーションの阻害要因 265
コンプライアンス 94, 305, 308, 316

さ

サービス 115
サービス設計 71
サービスレベル 92
サービスレベル設計 105
サービスレベルの設定 107, 207
在庫管理簿 91

再発防止策	224	情報	86
財務部門	308	情報収集	164
材料	117	情報取り扱い区分	101
作業指示書	91	情報発信	301, 307
作業チェックリスト	90	情報漏えい	94
暫定運用設計	174	初期状態	59
		職種のブランディング	294
し		職務記述書	81
閾値（しきいち）	41, 159, 165	ジョブディスクリプション	81
自己開示	278	処理設計	39
事後調査	94	「知る」から生まれる好循環	281
「仕事した感」「仕事のための仕事」	258	事例発表会	247
仕事の5つの要素	34	新規	120
資材	117	人材育成	249
施策検討	94	人材要件	250
システム	116	人事制度	285
システムイベント	228	人事部門	307
システムダウン	51	申請書	91
システムトラブル	94	信頼性	51
システムに任せること	45	心理的安全性	278
失敗を活かす	245		
失敗を資産と思える	302	**す**	
自動化	266	スキルの調達方法	252
自動化判断	44	スキルマップ	82, 89, 250, 253
事務作業	257	スキル要件	81
事務職（管理者）	305	すぐやる＋まとめてやる	42
事務職（担当者）	304	スケーラビリティ	53
社外のファン	294	スケーラビリティ設計	156
社会保険労務士	315	スケーリング	288
社内SNS	247, 281	スケジュール・トリガー	41
社内報	248, 281	ステークホルダー	182, 209, 274, 307
従業員満足（Employee Satisfaction）	274	ステークホルダーとのタッチポイント	190
重要度／緊急度マトリクス	233	ストラップの色による権限識別	103
終了条件	262	スレッショールド	41, 159, 165
主キー	138		
出退勤簿	91	**せ**	
出力	126	請求書	91
需要予測	92	正常系テスト	171
照会	125	成長イメージ	282
障がい	94	成長実感	264
証跡	92, 176	税理士	316

329

説明 131
説明の手間 68
先人の知恵 30
操作 123
操作の手間 67
操作ログ 95

そ
総務部門 306
測定 108
組織 118
組織イベント 228
組織知 218
ソフトウェア管理台帳 91

た
ターゲットユーザー 199
対応品質の平準化 220
「大切にすること」 275
代替運用 111
代替運用設計 174
ダイバーシティ 267
タイミングの考慮 60
対面にこだわらない 259
タスクの一覧表 89
タスクの発生頻度 32
タスクの洗い出し 25
タッチポイント設計 189
棚卸し 163, 231

ち
チェックリスト 90
チャレンジ 288, 307
中止条件 262
中小企業診断士 315
調達すべき5つのリソース 85
帳票 91
通信ログ 96
ツール 288

て
停止 140
提示／提出 135
定常活動 162
定常業務 32
データ 116
「できないこと」の明示 208
デザイナー 313
デザイン10の原則 318
手順書 90, 175
手続きの手間 67
手間のハードル 66
デマンドマネジメント 164
手戻り 256

と
同時アクセス数 52, 157
動線 58, 306
ドキュメント 88
特殊スキル 82
読書会 247, 281
トライ＆エラー 301
トラブル 213, 220, 223
トランジション運用設計 176

な
内製 47, 86
内発的動機づけ 57, 273
内部サービスレベル 106
「中の人」 187, 191, 205, 209, 265, 292
ナレッジマネジメント 90, 237, 307

に
入退室記録簿 91
入退出ログ 95
認証ログ 96

ね
年間業務スケジュール 227, 230

の

項目	ページ
ノイジーマイノリティ	205
ノンルーチン	33

は

項目	ページ
場	86
バージョンの管理	163
廃止	142
働き方改革	135, 139, 255, 273
ハッシュタグ	203
発生頻度	32
発注書	91
バッチ処理	40
「場」の創造	247
汎用スキル	82

ひ

項目	ページ
ピーク時特性	158
非機能要求グレード	54
非機能要件	49
ビジョン	275, 286, 309, 310
ビジョンニング	274, 283, 286
必然の出会い	280, 293
必達型のサービスレベル	105
非定常活動	165
非定常業務	32
ヒト	85
人がやること	45
ヒヤリ・ハット	221, 267
ヒューマンエラー	175, 256, 267
評価のハードル	70
標準化	33

ふ

項目	ページ
ファーストユーザー	199
付加価値向上	236
複製	127
付箋	216
ブランド観	47
ブランドマネジメント	273, 291
フリーアドレススペース	247, 281
ふりかえり	108, 154, 244, 253, 269, 289, 293
プロアクティブ	225
フローチャート	37
フロー定義	37
プロセス定義	34
プロダクトライフサイクル	159
プロトタイプ	55
文書管理	88

へ

項目	ページ
平均故障時間間隔	51
平均修理時間	51
ベストエフォート型のサービスレベル	105
ヘルプデスク	313
変化の5つの対象	115
変化の予兆把握	164
勉強会	189, 247
変更	134
変更管理	139, 165, 230
変更管理のモデルフロー	166
変更対応	161
変更のトリガー	134, 165

ほ

項目	ページ
報告方法	151
方針の変化	135
保管	129
保守性	51, 53
保証	54
ホットスタンバイ	111
ポリシー	275, 309, 310
ホワイトボード	216

ま

項目	ページ
マーケティングの4P	76
窓口スタッフ	313
まとめてやる	40
マニュアル	90, 175
マネジメント戦略	47

み
未知 222
ミッション 286

む
ムリ・ムダ 256

め
目立たない仕事にも光を当てる 289
メンテナンス 132, 162

も
持ち出しログ 96
モチベーション 278, 286, 289, 305, 306, 309, 316
モチベーションマネジメント 272
モニタリング 146
モノ 85
問題 135, 224
問題管理 223
問題原因分析 28

や
役割 100, 103
「やったふり」 286
やめることを決める 257
やり漏れ 90, 219

ゆ
有効期限の管理 163
ユーザーインターフェース 201
ユーザーエクスペリエンス設計 198
有用性 54

よ
予防調査 94

ら
ライフイベント 119, 145, 179
ライフサイクルマネジメント 114

「らしさ」 47, 286, 293

り
リアクティブ 225
リアルタイム処理 40
理解の手間 68
リソース計画 85
リソースの把握 207
リソースマネジメント 87, 219
リモートワーク 256
利用 123
利用者数 157
リリース管理 167, 230
リリース管理のモデルフロー 168
リレーションシップマネジメント 293
輪読会 247, 281

る
ルーチン 33

れ
レビュー 30

ろ
労働時間 92
ロールモデル 295
ログ 176
ログ管理 93
ログの取得 97
ログの保管 98
ロジックツリー 28

わ
"わざわざ"を"ついでに"に変える 66
割り込み 213, 223, 231

沢渡あまね（さわたり あまね）

1975年生まれ。あまねキャリア工房代表。株式会社なないろのはな取締役。業務改善・オフィスコミュニケーション改善士。

日産自動車、NTTデータ、大手製薬会社などを経て、2014年秋より現業（経験職種は情報システム、ネットワークソリューション事業部、広報など）。複数の企業で働き方改革、組織活性、インターナルコミュニケーション活性の企画運営支援・講演・執筆などを行う。NTTデータでは、ITサービスマネージャーとして社内外のサービスデスクやヘルプデスクの立ち上げ・運用・改善やビジネスプロセスアウトソーシングも手がける。

著書に『職場の問題地図』『仕事の問題地図』『働き方の問題地図』『システムの問題地図』『マネージャーの問題地図』『職場の問題かるた』（技術評論社）、『チームの生産性をあげる。』（ダイヤモンド社）、『新人ガール ITI使って業務プロセス改善します！』『運用☆ちゃんと学ぶ システム運用の基本』（C&R研究所）などがある。趣味はダムめぐり。

ホームページ	http://amane-career.com/
Twitte	@amane_sawatari
Facebook	https://www.facebook.com/amane.sawatari
メール	info@amane-career.com

装丁……石間淳
カバーイラスト……鈴木ヒロキ
本文デザイン／DTP／作図……清水真理子・武田梢（TYPEFACE）
かるたイラスト……白井匠
編集……傳 智之

累計 **23** 万部

問題地図シリーズ ラインナップ

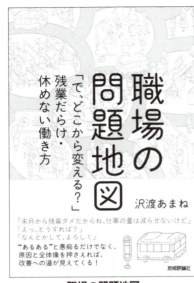

職場の問題地図
四六判／224ページ／本体1,480円＋税
ISBN 978-4-7741-8368-8

仕事の問題地図
四六判／240ページ／本体1,480円＋税
ISBN 978-4-7741-8774-7

職場の問題かるた
四六判／144ページ／本体2,480円＋税
ISBN 978-4-7741-9193-5

働き方の問題地図
四六判／240ページ／本体1,480円＋税
ISBN 978-4-7741-9427-1

システムの問題地図
四六判／272ページ／本体1,680円＋税
ISBN 978-4-7741-9463-9

感情の問題地図
四六判／176ページ／本体1,380円＋税
ISBN 978-4--7741-9789-0

マネージャーの問題地図
四六判／240ページ／本体1,580円＋税
ISBN 978-4-7741-9874-3

異文化理解の問題地図
四六判／192ページ／本体1,680円＋税
ISBN 978-4-297-10415-3

営業の問題地図
四六判／176ページ／本体1,480円＋税
ISBN 978-4-297-10417-7

お問い合わせについて
本書に関するご質問は、FAX、書面、下記のWebサイトの質問用フォームでお願いいたします。電話での直接のお問い合わせにはお答えできません。あらかじめご了承ください。
ご質問の際には以下を明記してください。

- 書籍名
- 該当ページ
- 返信先（メールアドレス）

ご質問の際に記載いただいた個人情報は質問の返答以外の目的には使用いたしません。
お送りいただいたご質問には、できる限り迅速にお答えするよう努力しておりますが、お時間をいただくこともございます。
なお、ご質問は本書に記載されている内容に関するもののみとさせていただきます。

【問い合わせ先】
〒162-0846
東京都新宿区市谷左内町 21-13
株式会社技術評論社　書籍編集部
「業務デザインの発想法」係
FAX：03-3513-6183
Web：https://gihyo.jp/book/2019/978-4-297-10436-8

業務デザインの発想法
「仕組み」と「仕掛け」で最高のオペレーションを創る

2019年 5月11日　初版　第1刷発行

著者	沢渡あまね（さわたり あまね）
発行者	片岡巌
発行所	株式会社技術評論社
	東京都新宿区市谷左内町21-13
	電話　03-3513-6150　販売促進部
	03-3513-6166　書籍編集部
印刷・製本	昭和情報プロセス株式会社

定価はカバーに表示してあります。
製品の一部または全部を著作権法の定める範囲を超え、無断で複写、複製、転載、テープ化、ファイルに落とすことを禁じます。
造本には細心の注意を払っておりますが、万一、乱丁（ページの乱れ）や落丁（ページの抜け）がございましたら、小社販売促進部までお送りください。送料小社負担にてお取り替えいたします。

©2019　沢渡あまね　ISBN978-4-297-10436-8　C0036　Printed in Japan